DRESSLER

Kimberlie Hamilton

GENERATION HOPE

Wie wir gemeinsam die Welt verändern

Aus dem Englischen von Fabienne Pfeiffer

Mit Illustrationen von Risa Rodil

Dressler Verlag · Hamburg

Dieses Buch ist für dich, du Weltveränderer.

Und übrigens: Der Einfachheit halber wird auf den folgenden Seiten
immer die männliche Form verwendet – alle Weltveränderinnen,
Anti-Plastik-Pionierinnen, Kreativtäterinnen, Wasserkriegerinnen und
Wildtierretterinnen (und solche, die es werden wollen) dürfen und
sollen sich natürlich ebenso angesprochen fühlen!

**Diese Welt braucht uns alle, und deine Generation
gibt den Ton an!**

INHALT

Generation Hope 8

Klima-Wandler **10**

Kids legen los 12

Noch ist unser Planet nicht verloren! 14

Deine Stimme für Tiere **16**

Kids legen los 18

Mach dich stark für Tiere! 20

Einzig, nicht artig **22**

Kids legen los 24

Mobbing-freie Zone 26

Anti-Plastik-Pioniere **28**

Kids legen los 30

So sagst du Plastik den Kampf an! 32

E steht für Eigeninitiative **34**

Kids legen los 36

Schulprojekte, die einen Unterschied
machen! 38

Naturwunder **40**

Kids legen los 42

Leben à la *Friluftsliv* 44

So wirst du zu Robin Wood 46

Pfiffige Vordenker **48**

Kids legen los 50

Verquerer und verquerer 52

Zu. Viel. Kram! **54**

Kids legen los 56

Sechs Regeln fürs Recyceln 58

Werde zum Zero-Waste-Helden 60

Kreativ für den guten Zweck **62**

Kids legen los 64

Kreativitäts-Booster 66

Unfair! **68**

Kids legen los 70

Das Augenfarbenexperiment 72

Helden gegen Hunger **74**

Kids legen los 76
So kämpfst du gegen Ungerechtigkeit! 78

Öko-Unternehmer **80**

Kids legen los 82
Gründe dein eigenes Öko-Unternehmen! 84
Konzepte für coole Öko-Coups 86

Gesund. Glücklich. Gegenwärtig **88**

Kids legen los 90
Leidest du an Öko-Angst? 92

Wasserkrieger **94**

Kids legen los 96
18 Wege zum Wassersparen 98

Hoffnung statt Hass **100**

Kids legen los 102
25 Aktionen für den Frieden 104

Heim-liche Helden **106**

Kids legen los 108
Acht Optionen, Obdachlosen zu helfen..... 110

Auch Kinder haben Rechte **112**

Kids legen los 114
Tipps für Geschichtenerzähler 116

Radikal nett **118**

Kids legen los 120
50 spontane Nettigkeiten 122

Wildtierretter **124**

Kids legen los 126
Treib es wild! 128

Mehr Mut zu Grün **130**

Kids legen los 132
Strategien gegen Öko-Muggel 134
Keine Macht den Trollen 135

Auf die Plätze, fertig, los! **136**

Webseiten von Weltveränderern 138
Bücher 141
Zeitschriften 141
Weitere Webseiten 142
Video/TV 142

Glossar **144**

Über die Autorin **150**

Register **152**

GENERATION HOPE

WIE WIR GEMEINSAM DIE WELT VERÄNDERN

BIST DU DABEI?

Die Leute sagen immer, die Jugend ist unsere Zukunft – aber die Kids von heute wollen nicht auf morgen warten; sie handeln hier und jetzt! Sie verschaffen sich Gehör, wehren sich und werden zur Inspiration für positiven Wandel. Sie sind laut wie nie zuvor.
Sie haben die Nase voll!

Dieses Buch stellt junge Weltveränderer – allesamt noch unter zwanzig – aus allen Ecken und Winkeln des Planeten vor, die mit vollem Einsatz dafür kämpfen, unsere Erde wieder ins Gleichgewicht zu bringen und den Menschen, die darauf leben, zu helfen. Manche tun Großes, andere verwirklichen kleinere Projekte, aber jeder Einzelne dieser ehrgeizigen Rebellen ist ein Motor des Guten. Und das Beste: Sie liefern dir jede Menge Ideen, um selbst ebenfalls die Welt zu einem besseren Ort zu machen!

Bist du bereit, loszulegen? Such dir einfach ein Herzensthema, für das du besonders brennst, und pack es an! Ganz gleich, welche Hindernisse sich dir in den Weg stellen oder wie jung du noch bist: In **DIR** schlummert die Macht, etwas Großartiges zu vollbringen.

DIE ZUKUNFT IST JETZT!

**STELL DIR VOR ...
JEDES KIND,
DAS DIESES BUCH LIEST,
WIRD AKTIV.**

**STELL DIR MAL VOR,
WAS DEINE GENERATION
DANN ERREICHEN KANN!**

KLIMA-WANDLER

Vorsicht, Spoiler: Den Klimawandel gibt es wirklich. Wenn die Leute vom Klimawandel reden, geht es darum, was passiert, wenn es auf der Erde immer wärmer wird. Und unser Planet heizt sich schneller auf als je zuvor.

Dieser Temperaturanstieg bringt das natürliche Gleichgewicht der Erde durcheinander. So kommt es zu mehr Extremwetterlagen wie Hurrikans, Waldbränden, Dürren und Überflutungen. Die Ozeane erwärmen sich und das Eis an Nord- und Südpol schmilzt. Ganz egal, wo wir leben: Der Klimawandel betrifft uns alle.

Die Lage ist kompliziert, lässt sich aber im Kern ganz einfach zusammenfassen: Uns bleibt nicht mehr viel Zeit, um auf die Bremse zu treten und endlich damit aufzuhören, unseren Planeten zu zerstören. Verflixt!

Das also ist die schlechte Nachricht. **Die gute: Überall auf der Welt verbünden sich Weltveränderer und fordern, dass endlich etwas getan wird.**

WIE DIE JUNGE SCHWEDISCHE AKTIVISTIN GRETA THUNBERG.

Als Greta zum ersten Mal vom Klimawandel hörte, nahm sie das ganz schön mit. Sie wurde wütend, depressiv, frustriert. Und wieso schien sich eigentlich sonst niemand so richtig Sorgen deswegen zu machen? Sie musste etwas unternehmen. Also schwänzte sie eines Freitags die Schule und setzte sich vor das schwedische Parlament – mit einem Schild, auf dem stand: »Schulstreik fürs Klima«.

Diese einzelne rebellische Tat war der Beginn einer riesigen internationalen Jugendbewegung: **#FridaysForFuture**. In weniger als einem Jahr wurde Greta von einer gewöhnlichen Schülerin zur gefeierten Umweltheldin.

Inzwischen hält sie Reden auf großen Konferenzen und sagt führenden Politikern ins Gesicht, was für einen miserablen Job sie machen. Sie hat ein Buch veröffentlicht und Berühmtheiten wie den Papst und Barack Obama getroffen. War auf den Titelblättern von Zeitschriften wie Time und Vogue abgebildet. Oh, und noch eins ... sie ist der jüngste Mensch, der **JEMALS** für den Friedensnobelpreis nominiert war.

Mit einem Wort: Greta ist **STARK**. Auch wenn manche Leute den Klimawandel noch immer für einen Witz halten, lässt sie sich davon nicht stoppen. Sie hat eine Mission – die Rettung unseres Planeten.

Soll das auch deine Mission werden? Dann lies weiter!

Die Generation Greta

Im März 2019 gingen weltweit mehr als 1,5 Millionen Schüler auf die Straße, um für das Klima zu streiken. Sechs Monate später nahmen 4 Millionen Menschen an einem globalen Streik teil. Es war einer der größten Proteste der Geschichte!

»UNSER BESTES ZU GEBEN, REICHT NICHT MEHR. WIR MÜSSEN ALLE ZUSAMMEN DAS SCHEINBAR UNMÖGLICHE VOLLBRINGEN.«
Greta Thunberg

KIDS LEGEN LOS

ZEL WHITING

Geboren: 2006   **Heimat:** Australien
Aktion: organisiert Schulstreiks

»ICH GEBE NICHT ALLEN ERWACHSENEN D~~~ SCHULD. IHNEN IST DIE WAHRHEIT VERHEIMLI~~~ WORDEN. ABER JETZT WISSEN WIR, WAS PASSIE~~~

Der Sommer 2018 war einer der heißesten seit Beginn der Wetteraufzeichnungen. Entlang der Küste stiegen die Temperaturen in »Down Under« teilweise bis auf 49,5 °C. In Sachen globale Erwärmung war das ein echter Weckruf für Zel – ebenso wie die Tatsache, dass bereits die Hälfte des Great Barrier Reef, des größten Korallenriffs der Welt vor der australischen Küste, abgestorben ist.

Nun stand für Zel schlagartig fest: Er musste aktiv werden. Mittlerweile hilft er bei der Organisation von Schülerstreiks und Protesten, zum Beispiel gegen Projekte zur Erdölförderung. Er hofft, dass sein Land bis zum Jahr 2030 komplett auf erneuerbare Energien umsteigen wird. Das allerdings wird für Australien eine gewaltige Herausforderung. Der aktuelle Premierminister hört nicht auf die Forderungen der Streikenden, doch davon will Zel sich nicht abschrecken lassen. Schließlich steht nicht nur seine persönliche Zukunft auf dem Spiel, sondern die des gesamten Planeten.

JAMIE MARGOLIN

Geboren: 2001   **Heimat:** USA
Aktion: hat »Zero Hour« gegründet

»WIR HÖREN ERST AUF ZU KÄMPFEN, WENN WIR DIE VERÄNDERUNGEN BEKOMMEN, DIE WIR BRAUCHEN UND VERDIENEN.«

Als Waldbrände in Kanada ganz Seattle in eine Wolke aus Smog hüllten, machten Experten den Klimawandel dafür verantwortlich. Jamie selbst litt wochenlang unter Hals- und Kopfschmerzen. Schließlich wurde ihr klar, dass die gewählten Machthaber nicht vorhatten, irgendetwas zu unternehmen. Es lag an ihrer Generation, die Sache in die Hand zu nehmen.

Jamie gründete ihre eigene Umweltgruppe – »Zero Hour« – und verklagte zusammen mit zwölf anderen Kids den US-Bundesstaat Washington. Die Gruppe warf den Politikern vor, mit ihrer Untätigkeit die Gesundheit und die Zukunft der jungen Generation in Gefahr zu bringen. Zwar wurde die Klage abgewiesen, doch »Zero Hour« hat inzwischen 25 Ableger-Organisationen, die Jugend-Klimastreiks in aller Welt planen und verwirklichen!

»DER KLIMAWANDEL WIRD NICHT VON SELBST VERSCHWINDEN, SOLANGE IHR NICHTS DAGEGEN TUT.«

TIMOCI NAULUSALA

Geboren: 2005 **Heimat:** Fidschi
Aktion: hat auf einer UN-Konferenz eine Rede gehalten

Nachdem ein Zyklon sein Dorf verwüstet hatte, war Timoci am Boden zerstört. Sein Zuhause, seine Schule, Essen, Wasser und Geld … alles war verloren. Er schrieb einen Aufsatz über seine Erlebnisse und wurde eingeladen, auf einer Konferenz der Vereinten Nationen (UN) zu sprechen. Im Publikum saßen Hunderte bekannter Persönlichkeiten, darunter 25 einflussreiche Regierungschefs aus aller Welt. Also gar kein Druck!

In einem grellbunten Hawaii-Hemd trat Timoci vor die Menge und begann zu reden. Er war zwar klein, viel kleiner als die anderen Redner, aber sein Lächeln war riesig – genau wie seine Botschaft: Er sagte, dass Vorträge gegen den Klimawandel nichts ausrichten. Die Zeit, immer anderen den Schwarzen Peter zuzuschieben, sei vorbei, und die führenden Politiker müssten mehr unternehmen – VIEL mehr. Nachdem er geendet hatte, kamen einige Staatsoberhäupter persönlich nach vorne, um sich für seine Worte zu bedanken – auch von der Menge bekam Timoci tosenden Beifall!

ANUNA DE WEVER

Geboren: 2001 **Heimat:** Belgien
Aktion: hat den ersten Klimastreik in Belgien organisiert

Als Anuna erkannte, dass die mächtigsten Politiker der Welt nichts taten, um die Erderwärmung aufzuhalten, wurde sie so wütend, dass sie dabei half, den ersten Klimaprotest in Belgien auf die Beine zu stellen. 3000 Menschen nahmen teil. In der darauffolgenden Woche waren es bereits 15 000, dann 35 000. Die Streiks wurden immer größer und Teil einer weltweiten Massenbewegung.

Seither hat Anuna Fernsehinterviews gegeben, einen TED Talk gehalten und an einem Buch mitgeschrieben. Zudem hat sie sich mit Politikern getroffen, in der Hoffnung, auch sie im Hinblick auf den Klimawandel wachzurütteln. Anuna findet, die Machthabenden benehmen sich schlimmer als trotzige Kleinkinder, weil sie einfach darauf warten, dass sich die Krise irgendwie von selbst lösen wird.

»WIR SIND DIE LETZTE GENERATION, DIE ÜBERHAUPT NOCH EINE CHANCE HAT, DIESEN PLANETEN ZU RETTEN.«

13

NOCH IST U
NICHT V

Hauptursache für die globale Erwärmung sind menschliche Aktivitäten, zum Beispiel die Landwirtschaft, die Abholzung von Wäldern oder das Verbrennen fossiler Rohstoffe wie Kohle, Öl und Gas. All diese Tätigkeiten tragen dazu bei, dass sich mehr und mehr schädliches Kohlendioxid (CO_2) in der Atmosphäre sammelt. Dieses »Treibhausgas« wirkt, als hätte jemand eine viel zu dicke, stickige Decke um die Erde geschlungen.

Klingt ziemlich übel, was? Tja, es IST ziemlich übel. Aber: Es besteht Hoffnung. Experten glauben, dass sich die furchtbaren Schäden, die wir dem Planeten zufügen, noch begrenzen lassen. Dazu müssen wir Wege finden, innerhalb der nächsten zehn Jahre unsere Emissionen um die Hälfte zu reduzieren. Das kann gelingen, indem wir zum Beispiel mehr Wind- und Sonnenenergie nutzen und weniger Bäume fällen.

Flygskam ist ein schwedischer Begriff, der so viel wie »Flugscham« bedeutet. Denn eine einzige Flugreise kann den Nutzen von 20 Jahren Recycling zunichte machen! Deshalb haben immer mehr Leute beim Fliegen ein schlechtes Gewissen und entscheiden sich dafür, mit der Bahn zu fahren.

»WIR VERDIENEN EINE SICHERE ZUKUNFT.
UND WIR FORDERN EINE SICHERE ZUKUNFT.
IST DAS WIRKLICH ZU VIEL VERLANGT?«
Greta Thunberg

SER PLANET RLOREN!

WIR ALLE MÜSSEN MIT ANPACKEN, UM DEN KLIMAWANDEL ZU STOPPEN. MIT DIESEN 20 IDEEN KANNST DU NOCH HEUTE LOSLEGEN:

1. Zieh den Stecker bei elektronischen Geräten, die du gerade nicht benutzt.
2. Schalte Lichter aus, die du im Augenblick nicht brauchst.
3. Dusche (nicht zu lang), statt zu baden.
4. Gieße deine Pflanzen zu Hause mit gesammeltem Regenwasser.
5. Pflanz einen Baum, der CO_2 aufnehmen kann.
6. Verpacke Geschenke in Zeitungspapier oder verwende Geschenkpapier wieder.
7. Hab unterwegs immer eine wiederverwendbare Wasserflasche dabei.
8. Verschenke Dinge, die du nicht mehr magst oder brauchst, anstatt sie wegzuwerfen.
9. Zieh dir einen Pulli über, statt die Heizung hochzudrehen – und lüfte einmal ordentlich durch, bevor du Ventilator oder Klimaanlage einschaltest.
10. Vermeide Nahrungsmittel und Kosmetikprodukte, in denen Palmöl enthalten ist – zur Gewinnung werden die Lebensräume wilder Tiere zerstört!
11. Iss mehr Gemüse und wähle pflanzliche Eiweißquellen.
12. Iss biologisch angebaute Lebensmittel, die aus deiner Region kommen.
13. Verzichte auf Produkte mit Chemikalien, die der Umwelt schaden.
14. Mach bei einer Müllsammelaktion deiner Gemeinde mit.
15. Nimm so oft wie möglich das Rad oder geh zu Fuß.
16. Nutze öffentliche Verkehrsmittel anstelle des Autos.
17. Vermeide Plastik, zum Beispiel in Form von Tüten, Strohhalmen, Verpackungen und Besteck.
18. Bitte deine Eltern, nur Fisch aus nachhaltiger Fischerei zu kaufen.
19. Koch etwas Leckeres aus Resten, statt sie wegzuwerfen.
20. Lege im Garten einen Komposthaufen an.

DEINE STIMME FÜR TIERE

Manche Leute da draußen meinen, Tiere seien bloß Eigentum, das man weder mit Freundlichkeit noch mit Respekt behandeln muss. Falsch! Böse zu Tieren zu sein, ist **NIEMALS** in Ordnung, und jugendliche Weltveränderer setzen sich dagegen ein.

GLAUBST DU, DASS TIERE ...

... EBENSO SCHMERZ EMPFINDEN KÖNNEN WIE MENSCHEN?

... OHNE LEID UND IN SICHERHEIT LEBEN WOLLEN?

... DAS RECHT HABEN, FÜRSORGLICH UND LIEBEVOLL BEHANDELT ZU WERDEN?

Falls du die Fragen mit **JA** beantwortet hast, findest vielleicht auch du deine Berufung darin, Tieren eine Stimme zu geben. Hier noch ein paar weitere Punkte, von denen Tieraktivisten überzeugt sind:

TIERE SIND FREUNDE, KEINE NAHRUNG.

Wieso betrachten wir es als okay, manche Tiere – wie Hühner, Fische und Kühe – zu essen, andere aber nicht? In den Augen von Tierrechtlern ist JEDES Leben wertvoll.

WER TIERE LIEBT, TRÄGT SIE NICHT.

Kühe, Schafe, Kaninchen, Füchse, Gänse und andere Tiere müssen oft zur Herstellung von Kleidung und Modeaccessoires dienen. Echte Tierfreunde finden das grausam und unmenschlich.

TIERE GEHÖREN NICHT IN KÄFIGE.

Viele Menschen besuchen Zirkusse, Zoos und Aquarien, weil sie Tiere lieben und mehr über sie lernen möchten. Aus der Sicht etlicher Weltveränderer ist es allerdings weder nett noch artgerecht, Tiere in Gefangenschaft zu halten oder sie zu zwingen, uns zu unterhalten.

TIERVERSUCHE SIND GRAUSAM.

Jahr für Jahr werden Millionen von Tieren misshandelt oder getötet – von Firmen, die Produkte wie Kosmetika oder Shampoo an ihnen testen. Weitere Millionen müssen sterben, damit Schüler und Studenten sie im Unterricht und in Seminaren zerlegen und untersuchen können. Aktivisten empfinden es als falsch, unschuldigen Tieren Leid zuzufügen.

HAUSTIERE SOLLTEN WIE FAMILIENMITGLIEDER BEHANDELT WERDEN.

Neben Hunden und Katzen, die das Glück haben, in einem schönen Zuhause zu leben, gibt es unzählige andere, mit denen schlecht umgegangen wird. Einige werden ausgesetzt und müssen fortan auf der Straße ums Überleben kämpfen. Engagierte Tierschützer machen sich auch für die Rechte dieser Tiere stark.

KIDS LEGEN LOS

ZOE ROSENBERG

Geboren: 2002 **Heimat:** USA
Aktion: hat eine Auffangstation für Tiere gegründet

Nachdem sie einen Film über Eierproduktion gesehen hatte, begann Zoe, auf Eier und Kuhmilch zu verzichten. Dann holte sie die Erlaubnis ihrer Eltern ein, den Garten der Familie in ein Paradies für gerettete Hennen zu verwandeln. Seither hat Zoe mehr als 600 Tiere aus Großmästereien und anderen üblen Tierhaltungsbetrieben geholt und ihnen in ihrem »Happy Hen Animal Sanctuary« ein sicheres Zuhause gegeben.

Manchmal überlegt sie sich auch ziemlich verrückte Aktionen. Einmal zum Beispiel ist sie zusammen mit anderen Weltveränderern während eines Baseballspiels der Los Angeles Dodgers auf das Feld gerannt, um gegen den Verkauf von Hot Dogs zu protestieren! 2017 wurde Zoe zur Jugendaktivistin des Jahres gewählt, und sie will sich weiter für das Wohl von Tieren starkmachen.

SHON GRIFFIN

Geboren: 2012 **Heimat:** USA
Aktion: kümmert sich um streunende Katzen

»SEID NETT ZU KATZEN«

Shon (auch bekannt als »Catman«) mit seinem Superheldenumhang ist in den Straßen seines Wohngebiets bereits ein vertrauter Anblick. Seit seinem dritten Lebensjahr kümmert er sich jedes Wochenende gemeinsam mit seinen Tanten um Straßenkatzen. Er füllt Futterschälchen und Wassernäpfe auf und krault kleine Kätzchen, die sonst niemanden haben, der sich um sie sorgt.

Die meisten dieser wildlebenden Katzen sind extrem scheu. Aus irgendeinem Grund jedoch haben sie vor Shon keine Angst. Nicht einmal die größte Angstpfote von allen, ein kleiner Kater namens Bug: Bug hatte niemals einen Menschen in seine Nähe gelassen – bis zu dem Tag, an dem er auf Shon traf. Damals rannte er sofort zu dem Jungen hin und strich um seine Beine! Mit seinem neuen Kumpel an seiner Seite wurde Bug von einem Tierarzt untersucht und geimpft. Es läuft wie am Schnurr-chen!

CHARLIE SONNEMANN

Geboren: 2004 **Heimat:** Australien
Aktion: setzt sich für Farmtiere ein

»UM SCHON IN JUNGEN JAHREN ALS AKTIVIST WIRKLICH ETWAS ERREICHEN ZU KÖNNEN, BRAUCHT MAN MINDESTENS EINEN ELTERNTEIL HINTER SICH.«

Charlie wuchs inmitten der »chooks« seiner Familie auf – so nennt man in Australien umgangssprachlich die Hühner! Er liebte diese Gacker-Bande, und es machte ihn stolz, sich um die Tiere zu kümmern. Dann kam der Tag, an dem ihm klar wurde, dass seine gefiederten Freunde dieselben Tiere waren, die die Leute schließlich zum Abendessen verspeisten. Er fühlte sich deswegen so schrecklich, dass er mit zwölf Jahren beschloss, Veganer zu werden. Diese Entscheidung hatte auch einen immensen Einfluss auf alle in seinem Umfeld. Er inspirierte sogar seine Mutter, seinen Zwillingsbruder und seine Schwester, fortan ebenfalls vegan zu leben.

Heute nimmt Charlie oft an Mahnwachen und Protesten teil oder spricht Menschen auf der Straße an, um mit ihnen über die traurige Realität der Massentierhaltung zu reden. Er hat sogar an einer Fastenaktion teilgenommen, um gegen die Zustände in einem der größten Schweineschlachthöfe Australiens zu protestieren. Fünf Tage komplett auf Essen zu verzichten war hart, hat Charlies leidenschaftlichen Einsatz für Tierrechte aber definitiv noch mehr befeuert!

STORM BURGESS

Geboren: 2005 **Heimat:** England
Aktion: sammelt Spenden für Tierschutzorganisationen

Als Storm schwere gesundheitliche Probleme bekam, suchte sie nach etwas, womit sie sich ablenken konnte. So beschloss sie, Tieren in Not zu helfen, indem sie Spenden für Tierschutzorganisationen sammelte. Ihre Kampagnen und Events sind so kreativ und einfallsreich, dass bislang umgerechnet bereits unglaubliche 35 000 € zusammengekommen sind – und Storm macht ehrgeizig weiter! Einer ihrer stolzesten Momente war der, in dem sie genügend Geld zusammen hatte, um einer alten Tierheimkatze eine lebensrettende Operation zu ermöglichen.

Storm ist vom Oberhaus des britischen Parlaments ausgezeichnet worden und stand bei den »Animal Hero Awards« in London auf dem roten Teppich. Außerdem kümmert sie sich um vier eigene Katzen, zwei Hunde, eine Wüstenrennmaus und eine ganze Kolonie Streunerkatzen. Sie träumt davon, eines Tages Tierärztin zu werden. Wen wundert's?!

»MENSCHEN KÖNNEN EINEM SAGEN, WENN ES IHNEN SCHLECHT GEHT ODER SIE VERNACHLÄSSIGT WERDEN. TIERE KÖNNEN DAS NICHT.«

MACH DICH STARK FÜR TIERE!

INSPIRIEREND, ODER? HIER KOMMEN 16 DINGE, DIE AUCH DU TUN KANNST, UM DAS LEBEN DEINER FELLIGEN FREUNDE ZU VERBESSERN:

REGE IN DEINER FAMILIE AN, MEHR PFLANZLICHE LEBENSMITTEL ZU ESSEN. Um als Kind im Wachstum sämtliche lebenswichtigen Nährstoffe allein durch vegane Kost zu sich zu nehmen, muss man sich gut informieren und sorgsam planen. Versuch es erst einmal mit fleischlosen Mahlzeiten ein oder zwei Mal in der Woche und schau dann weiter.

RETTE EIN HAUSTIER. Schenk einem ausgesetzten oder abgegebenen Tier, das sich nach einer Familie sehnt, ein Zuhause. Bevor du einen Hund oder eine Katze vom Züchter oder gar von einem Vermehrer kaufst, solltest du dich immer erst im Tierheim umsehen.

BENUTZ NUR PRODUKTE, FÜR DIE KEINE TIERE LEIDEN MUSSTEN. Vergewissere dich auf der Verpackung, dass zum Beispiel Kosmetika nicht an Tieren getestet wurden. Die sogenannte Veganblume oder ein Häschensymbol geben dir diese Sicherheit.

MEIDE ORTE, AN DENEN TIERE SCHLECHT BEHANDELT WERDEN. Mehr und mehr Zirkusse verzichten in ihren Shows auf Tiernummern, und das ist großartig. Das Gleiche gilt für Zoos, die an Artenschutzprogrammen teilnehmen. Recherchiere im Voraus ein wenig, ehe du solche Einrichtungen besuchst, und sei wählerisch darin, welche du unterstützt!

Immer mit der Ruhe!

Nicht immer sind alle beim Thema Tierrechte derselben Ansicht. Teil des Einsatzes als Weltveränderer ist auch, sich andere Meinungen anzuhören und respektvoll zu bleiben, selbst wenn man damit nicht einverstanden ist.

HILF EHRENAMTLICH IN EINEM TIERHEIM. Falls du bereits alt genug dafür bist und deine Eltern einverstanden sind, frag nach, ob du dort Hunde ausführen oder Näpfe reinigen darfst. Male Adoptionsschilder oder lass dir etwas anderes Kreatives einfallen.

SAMMLE SPENDEN für ein Tierheim in deiner Nähe oder eine Tierschutzorganisation.

UNTERSCHREIBE PETITIONEN, die die Abschaffung von Tierversuchen und anderen unwürdigen Zuständen fordern.

SCHREIB EINEN ARTIKEL für deine Schülerzeitung über ein Thema, das mit Tierschutz zu tun hat.

SPRICH MIT DEINER SCHULLEITUNG und schlage vor, auch vegane und vegetarische Gerichte in der Mensa anzubieten.

BESORGE EINE HUNDEMARKE FÜR DEINEN HUND und bitte deine Eltern, ihn chippen zu lassen.

KÜMMERE DICH GUT UM WOHNUNGSKATZEN. Katzen, die nur im Haus oder in der Wohnung gehalten werden, freuen sich sehr über zusätzliche »Bespaßung« in Form von Kratzbäumen und Spielzeug. Jede Katze, die auch nach draußen darf, sollte ein Halsband samt Marke tragen und mit einem Mikrochip gekennzeichnet sein, für den Fall, dass sie sich verläuft.

SEI NETT ZU STREUNERKATZEN. Sofern deine Eltern und Nachbarn einverstanden sind, kannst du Futter und Wasser für hungrige Kätzchen aufstellen und/oder ihnen einen Unterschlupf für die kalten Wintermonate bauen.

NIMM EIN TIER ZUR PFLEGE ZU DIR. Manchmal brauchen Hunde oder Katzen ein Zuhause auf Zeit, bis sie endgültig eine neue Familie gefunden haben. So kannst du diese liebenswerten Tiere ein Stück weit auf ihrem Weg begleiten.

SAMMLE TIERNAHRUNG UND DECKEN, UM SIE AN EIN TIERHEIM ZU SPENDEN. Sieh auf der Homepage des Tierheims deiner Wahl nach, was dort gebraucht wird. Alte Handtücher, Katzenstreu, Näpfe und Körbchen werden oft ebenfalls gern angenommen!

SCHLAG EINE ALTERNATIVE VOR, wenn deine Klasse plant, im Unterricht ein Tier zu sezieren. Bitte um eine tierfreundliche Ersatzaufgabe – zum Beispiel gibt es Computerprogramme, mit denen sich solche Sektionen virtuell durchführen lassen.

INFORMIERE DICH GUT, BEVOR DU DICH FÜR DIE KASTRATION DEINES TIERES ENTSCHEIDEST. Lass dich fachkundig beraten, denn oftmals ist diese Operation weder nötig noch sinnvoll. Alternativen, wie beispielsweise Hormonchips, können deinem Tier Schmerzen ersparen.

EINZIG, NICHT ARTIG

Es gibt keine richtige oder falsche Art, zu leben oder zu sein. Und trotzdem liegt der Grund für viele unserer aktuellen Probleme darin, dass wir andere nicht einfach akzeptieren, wie sie sind. Weltveränderer, die sich für Vielfalt einsetzen, wollen dagegen all die wunderbaren Dinge feiern, die jeden Einzelnen von uns besonders machen.

Stell dir bloß mal vor, alle würden gleich aussehen, das Gleiche denken und sich gleich verhalten. Was, wenn wir alle die gleichen Talente und die gleiche Haar- und Hautfarbe hätten und zudem noch das Gleiche mögen oder nicht mögen würden? Ahnst du, was dann passieren würde? Wir würden uns alle zu Tode langweilen, darauf kannst du wetten!

Das soll nicht heißen, dass es immer einfach ist, einzigartig zu sein – besonders für Kids. Tatsächlich kann es ganz schön viel Mut erfordern, zu sich und seinen Besonderheiten zu stehen. Aber was wäre die Alternative? **Du kannst nur du selbst sein. Alle anderen gibt es schon!**

Viele Menschen haben Angst, dass sie versagen oder sich vor anderen blamieren könnten. Aber ist es wirklich so wichtig, was andere von einem denken? Diejenigen, die es schaffen, furchtlos und stolz auf all das zu sein, was sie auszeichnet … das sind die, die in ihrem Leben etwas Magisches vollbringen.

Die jugendliche Aktivistin Greta Thunberg hat das Asperger-Syndrom, eine Form von Autismus. Sie glaubt, dass erst ihre Erkrankung es ihr ermöglicht, die Welt aus einem ganz speziellen Blickwinkel zu betrachten, und bezeichnet sie deshalb sogar als Superkraft. In ihren eigenen Worten: »Mein Autismus macht mich anders, und anders zu sein ist ein Geschenk.«

ALSO: WENN DU DICH ANDERS FÜHLST, SEI WIE GRETA UND MACH DAS ZU DEINER PERSÖNLICHEN STÄRKE, NICHT ZUR SCHWÄCHE!

Zu deinem Engagement als junger Aktivist gehört auch, herauszufinden, wer du bist und was du erreichen möchtest. Tu der Welt deshalb einen Gefallen: **Sei die beste Version von dir, die du nur sein kannst.** Sag immer die Wahrheit und folge deinem mutigen Herzen. Was macht **DICH** aus? Was auch immer es ist, versteck es nicht. Sondern zeig es stolz der ganzen Welt!

DICH GIBT'S KEIN ZWEITES MAL. UND GENAU DAS IST DEINE SUPERKRAFT.

KIDS LEGEN LOS

BILJANA STOJKOVIĆ

Geboren: 2005   **Heimat:** Serbien
Aktion: inspiriert andere mit ihrer positiven Einstellung

Biljanas populärer Video-Blog – »I Create My Life« – hat sie zu einem der bekanntesten Teenager Serbiens gemacht. Besonders gern spricht sie darüber, wie man sein eigenes Selbstwertgefühl verbessern kann – denn damit hat sie jede Menge Erfahrung: Als kleines Mädchen litt sie an Knochenkrebs, und keine Therapie vermochte ihr zu helfen. Im Alter von neun Jahren bat sie die Ärzte schließlich, ihr den linken Unterschenkel zu amputieren, weil die Schmerzen unerträglich waren.

Heute vertritt Biljana ihre Heimat Serbien als Jugenddelegierte bei der UN. Sie nutzt die sozialen Medien, um andere zu inspirieren und Kindern klarzumachen, dass sie das Recht haben, eigene Entscheidungen zu treffen und etwas zu verändern. Aus ihrer Sicht sind die einzigen Dinge, auf die wir in unserem Leben echten Einfluss haben, unsere Einstellung und unsere Taten. Wie wahr!

KHERIS ROGERS

Geboren: 2006   **Heimat:** USA
Aktion: hat das Modelabel »Flexin' In My Complexion« gegründet

»WAS ANDERE VON DIR DENKEN IST EGAL. WICHTIG IST, WAS DU VON DIR DENKST.«

Kheris wurde in der Schule wegen ihrer sehr dunklen Hautfarbe gemobbt. Doch sie war nicht bereit, sich unterbuttern zu lassen. Bei Sticheleien erinnerte sie sich selbst immer wieder daran, dass sie in ihrer eigenen Haut schön und stark und genau richtig war. Das hatte ihre Großmutter ihr eingeschärft, mit einem ganz speziellen Satz: »Flexin' In My Complexion«. Der Spruch gefiel Kheris so gut, dass sie ihn sich auf ein T-Shirt druckte. Daraus erwuchs eine ganze Modelinie, allein mit dem Ziel, andere schwarze Menschen dazu zu inspirieren, sich in ihrer Haut ebenfalls pudelwohl zu fühlen.

Mit nur elf Jahren schrieb Kheris Geschichte: Als jüngste Modedesignerin aller Zeiten wurde sie eingeladen, ihre Kreationen auf der New York Fashion Week zu präsentieren. Sie hatte sogar einen Auftritt bei America's Next Top Model und warb in einer Kampagne für Nike. Außerdem moderiert sie inzwischen ihre eigene Onlineshow – *Beyond Bullied* – auf dem YouTube-Kanal »SoulPancake« und ermutigt auch dort andere Kids dazu, für sich einzustehen und stark zu bleiben.

HANNAH ALPER

Geboren: 2003 **Heimat:** Kanada
Aktion: hält Motivationsreden und schreibt einen erfolgreichen Blog

Im Alter von neun Jahren startete Hannah ihren beliebten »Call Me Hannah«-Blog, um darin ihre Sorgen um die Umwelt mit anderen zu teilen. Heute hält sie TED Talks und Reden in aller Welt und inspiriert damit andere Leute dazu, ebenfalls das zu finden, wofür ihr Herz brennt, und sich für eine bessere Welt einzusetzen. Hannah selbst ist niemand, der lange stillsitzen kann – sie hat zusammen mit dem Unternehmen »ME to WE« bereits Kenia bereist, war mit National Geographic in Costa Rica und zu Gipfeln der *Teen Vogue* in New York City und Los Angeles.

Inzwischen folgen ihr auf Twitter fast 40 000 Menschen. Außerdem ist sie als Botschafterin für das internationale Kindernetzwerk »Free the Children« aktiv. Neben all dem hat sie sogar noch Zeit gefunden, andere Weltveränderer für ihr Buch *Momentus: Small Acts, Big Change* zu interviewen – es basiert auf ihrer Überzeugung, dass auch kleine Taten viel bewegen können. Wirklich ein vielbeschäftigtes Mädchen!

NIKKI LILLY CHRISTOU

Geboren: 2004 **Heimat:** England
Aktion: vloggt auf YouTube

Nikki leidet an einer schmerzhaften Erkrankung, die zu Schwellungen und Verformungen ihrer rechten Gesichtshälfte führt. Die Diagnose erhielt sie bereits in jungen Jahren und konnte schon wenig später krankheitsbedingt nur noch selten das Haus verlassen – daher begann sie mit acht Jahren, ein Videotagebuch im Internet zu führen. So fand sie für sich einen Weg, mit ihrer Situation zurechtzukommen und sich die Welt ins Zimmer zu holen.

Nikki dreht und schneidet all ihre Filme selbst und dokumentiert so hautnah ihren Alltag. Dass sie sich selbst auf diese Weise Millionen von Menschen zeigt, ist unglaublich mutig. Mittlerweile hat ihr Kanal über eine Million Abonnenten, und sie hilft anderen mit ihren Videos mehr, als sie es sich je hätte träumen lassen. Für eine Dokumentation über ihr Leben – *My Life: Born to Vlog* – wurde sie sogar mit einem wichtigen Fernsehpreis, dem »Emmy Award«, ausgezeichnet. Zudem hat sie 2017 den britischen Fernseh-Backwettbewerb »Junior Bake Off« und 2019 den »BAFTA Special Award« gewonnen!

MOBBING-
FREIE
ZONE

Nicht jeder da draußen ist in der Lage, im Anderssein das Schöne zu erkennen – Mobber beispielsweise. Viele der Kids in diesem Buch wissen nur zu gut, wie es ist, wenn man schikaniert wird. Und doch haben sie alle es geschafft, dieses Negative in etwas Positives zu verwandeln. **Die Erfahrung, wie es ist, gemobbt zu werden, hat sie dazu motiviert, etwas zu TUN.** Etwas Großartiges.

Die schwedische Aktivistin Greta Thunberg wurde ebenfalls gehänselt. Sie erzählte sogar ihrer Mutter, sie wolle keine Freunde, da alle Kinder gemein seien. Und inzwischen gibt es sogar fiese *Erwachsene*, die Böses über sie sagen – darunter einige Spitzenpolitiker aus aller Welt. Heute zuckt Greta darüber bloß mit den Schultern und meint, die Politiker wollen so schlichtweg von den echten Problemen ablenken. Ihre Kritiker sollten über das Klima reden, nicht über sie. Also bitte!

Wenn du gemobbt wirst, gibt dir das keineswegs das Recht, im Gegenzug andere fertigzumachen. Viel besser ist es, Tagebuch zu führen darüber, welche Gemeinheiten dir an den Kopf geworfen oder angetan worden sind. Notiere dir Namen, das jeweilige Datum, Zeit und Ort. Gibt es Zeugen? Schreib auch ihre Namen auf. Und dann – tief durchatmen – zeig deine Aufzeichnungen einem Erwachsenen, dem du vertraust. Sollte dich irgendjemand JEMALS in irgendeiner Weise körperlich bedrohen, dreh dich um, geh weg und informiere SOFORT einen Lehrer oder ein Elternteil.

Mobbing ist NICHT in Ordnung. Niemals. Deshalb müssen wir alle den Mund aufmachen, wenn es passiert, damit es möglichst schnell gestoppt wird.

WAS IST MOBBING?

Mobbing kann viele Formen annehmen, zum Beispiel:

- Beschimpfungen und Hänseleien
- das Verbreiten von Gerüchten
- fiese Kommentare (persönlich oder online)
- Ausgrenzung
- Herumschubsen
- Beschädigung von Eigentum
- körperliche Gewalt und Bedrohung

„WENN DEN LEUTEN NICHTS ANDERES MEHR EINFÄLLT, ALS DICH PERSÖNLICH ANZUGREIFEN ... DANN BEDEUTET DAS, DASS IHNEN DIE ARGUMENTE FEHLEN UND SIE SONST NICHTS ZU SAGEN HABEN."

Greta Thunberg

ANTI-PLASTIK-
PIONIERE

Plastik ist der Feind. Das dürfte den meisten von uns mittlerweile klar sein. Doch wie gelingt es uns, dieses Teufelszeug zu vermeiden, und was können wir stattdessen verwenden? Wir reden hier von Dingen, die über das Offensichtliche – wie etwa, auf Plastikstrohhalme zu verzichten – hinausgehen.

Der Krieg gegen Plastik ist eine der größten Herausforderungen, denen sich die Welt heute stellen muss. Tonnenweise Plastik verschmutzt unsere Ozeane und die Umwelt und schadet unseren Wildtieren massiv. **Wir haben uns einen Wegwerf-Lebensstil angeeignet. Aber Plastik ist leider nie wirklich »weg«.**

Plastik zersetzt sich nämlich nicht komplett und lässt sich häufig auch nicht recyceln. So ziemlich jedes Stück Plastik, das je gefertigt wurde – zusammengenommen mehr als acht Milliarden Tonnen –, befindet sich noch immer auf unserem Planeten, gibt Giftstoffe ab oder wird von Tieren gefressen.

SEI EIN TEIL DER LÖSUNG, NICHT DES PROBLEMS.

Plastikverschmutzung ist ein so riesiges Problem, dass viele Umweltaktivisten sich auf gar nichts anderes mehr konzentrieren. Denn in diesem einen Bereich haben sie das Gefühl, wirklich etwas verändern zu können. Und auch DU kannst einen Unterschied machen, und zwar buchstäblich jeden Tag. Erstaunlich, vor wie viel Plastik wir die Umwelt bewahren können, indem wir einfach ein paar kleine tägliche Gewohnheiten ändern!

WIE LANGE BLEIBT ES AUF DER ERDE?

- **Orangenschale:** bis zu zwei Jahre
- **Zigarettenstummel:** bis zu zehn Jahre
- **Plastiktüte:** 400 bis 1000 Jahre
- **Konservendose:** 50 Jahre
- **Aludose:** 80 bis 200 Jahre
- **Plastikflaschen:** oft für immer
- **Glas:** zersetzt sich nicht (ist aber viel leichter zu recyceln als Plastik und schadet der Umwelt deutlich weniger)

ALLES, WAS GLITZERT ...

Plastik versteckt sich oft da, wo wir es nie vermuten würden, zum Beispiel in Glitzer. Glitzerteilchen sind so winzig, dass man sie nicht recyceln kann, und so enden sie häufig in Flüssen und im Meer. Verzichte auf Glitzer oder greif zur biologisch abbaubaren Variante, die sich innerhalb von zwei bis drei Monaten zersetzt. Das ist immer noch lang, aber besser als die Ewigkeit!

KIDS LEGEN LOS

»LASS DIR NIEMALS VON JEMANDEM EINREDEN, DU WÄRST ZU JUNG ODER WÜRDEST ETWAS NICHT VERSTEHEN.«

MELATI UND ISABEL WIJSEN

Geboren: 2003 und 2001 **Heimat:** Indonesien
Aktion: haben gemeinsam »Bye Bye Plastic Bags« gegründet

Als sie sahen, welche dramatischen Auswirkungen die Plastikverschmutzung auf die wunderschöne Natur ihrer Heimatinsel Bali hatte, beschlossen die Schwestern Melati und Isabel, aktiv zu werden. Im Alter von zehn und zwölf Jahren starteten sie ihre eigene Kampagne »Bye Bye Plastic Bags« mit dem Ziel, die Menschen zum Umweltschutz zu bewegen. Ihre unermüdlichen Anstrengungen haben inzwischen weitere Jugendgruppen in 28 Ländern inspiriert.

Dank ihrer Entschlossenheit und harten Arbeit sind Einwegplastiktüten, Strohhalme und der Kunststoff Polystyrol mittlerweile auf ganz Bali verboten. Melati und Isabel sind nicht zu stoppen, geben Interviews, besuchen Schulen, halten TED Talks und sprechen bei Politikergipfeln.

LILLY PLATT

Geboren: 2009 **Heimat:** Niederlande
Aktion: hat »Lilly's Plastic Pickup« ins Leben gerufen

»MIT JEDEM PLASTIKTEIL, DAS DU AUFHEBST, RETTEST DU EINEM TIER DAS LEBEN. DARAN DENKEN DIE WENIGSTEN LEUTE.«

Als Lilly aus London in die Niederlande zog, brachte ihr Großvater ihr auf ungewöhnliche Weise das Zählen auf Niederländisch bei: Er nahm sie zum Müllsammeln mit. Lilly staunte, als sie erfuhr, dass ein Großteil allen Abfalls irgendwann im Meer landet. Sie fotografierte (und zählte) ihre Müllfunde und postete das Bild auf Facebook. Es verbreitete sich rasend schnell in den sozialen Medien! Das spornte Lilly an, sich noch eingehender zu informieren – etwa über die »Mikroplastiksuppe« in unseren Weltmeeren.

Inzwischen nimmt Lilly an Schulstreiks teil und ist als Jugendbotschafterin für die »Plastic Pollution Coalition« unterwegs. Sie hat Dr. Jane Goodall und viele führende Politiker aus aller Welt getroffen und war im Fernsehen und in der Zeitschrift *National Geographic Kids* zu sehen. Zur Feier ihres zehnten Geburtstags rief sie zum #LillysGlobalCleanUpDay auf und bat die Leute, sich einen Tag Zeit zu nehmen, um unseren Planeten zu einem saubereren Ort zu machen.

RALYN »LILLY« SATIDTANASARN

Geboren: 2007   **Heimat:** Thailand
Aktion: hat ein Verbot von Plastiktüten in Geschäften durchgesetzt

>»ICH BIN EIN KIND, DAS KRIEG FÜHRT. ICH VERSUCHE, OPTIMISTISCH ZU BLEIBEN, ABER ZUGLEICH BIN ICH WÜTEND. UNSERE WELT VERSCHWINDET.«

Im Alter von acht Jahren wurde Lilly während eines Urlaubs am Meer zur Weltveränderin. Dort sah sie einen völlig zugemüllten Strand und war entsetzt; gemeinsam mit ihren Eltern säuberte sie ihn, nur um am nächsten Tag festzustellen, dass jede Menge neuer Abfall angeschwemmt worden war. Lilly machte es sich zur Mission, Thailand zu reinigen – eines jener Länder, die am meisten zur Verschmutzung der Ozeane beitragen. Sie war ein kleines Mädchen, das vor einer riesigen Herausforderung stand: Denn in ihrer Heimat benutzt ein Bürger im Schnitt acht Plastiktüten pro Tag!

Inspiriert von Greta Thunberg begann Lilly einen Sitzstreik vor dem Regierungsgebäude in Bangkok. Außerdem schwänzte sie die Schule, um Abfall aus einem schmutzigen Stadtkanal zu fischen. Schließlich wurden die Leute auf ihre Bemühungen aufmerksam und viele Supermärkte im ganzen Land verpflichteten sich sogar dazu, auf Plastiktüten zu verzichten.

THOMAS TRUBY

Geboren: 2012   **Heimat:** Schottland
Aktion: hat den »Rubbish Club« gegründet

>»ICH MACHE WEITER, WEIL ICH EINFACH MÖCHTE, DASS DIE WELT FÜR SCHILDKRÖTEN UND ANDERE TIERE EIN BESSERER ORT WIRD.«

Thomas war vier Jahre alt, als er sich bei seinem ersten Aquariumsbesuch in Meeresschildkröten verliebte. Aus dem Film *Unser blauer Planet II* erfuhr er mehr über die Tiere – darunter auch, dass Meeresschildkröten häufig versehentlich Plastiktüten fressen, weil sie sie mit im Wasser schwebenden Quallen verwechseln. Das machte Thomas so traurig, dass er entschied, etwas zu unternehmen. Eines Tages begann er beim Spaziergang mit seinen Hunden, nebenher Müll aufzusammeln. Und gleichzeitig kam ihm eine Idee: Er würde einen Müllsammelclub gründen!

Heute organisiert sein Club Müllsammelaktionen und Strandsäuberungen in der näheren und weiteren Umgebung seines Heimatortes. Der »Rubbish Club« hat bereits einen richtigen kleinen Abfallberg zusammengetragen, dazu Dinge wie alte Reifen, Verkehrspylonen, Rohre und rostige Fahrräder. Thomas' Mutter kümmert sich um seine Facebookseite. Seine Posts inspirieren inzwischen Menschen weit über die Strände von Schottland hinaus.

SO SAGST DU PLASTIK DEN KAMPF AN!

Denk beim Einkaufen mit. Wähle einen »nackten« Apfel statt einer Frucht, die in Plastik verpackt ist. Nimm die Zeitschrift ohne Plastikhülle, an der kein billiges Plastikspielzeug klebt. Kauf Kosmetika, in denen keine Mikrokügelchen enthalten sind. Wir alle stehen jeden Tag vor Dutzenden solcher Entscheidungen. Triff möglichst oft die, die für den Planeten am besten sind!

Wasche Kleidung sorgsam. Wusstest du, dass Plastik auch in vielen Kleidungsstücken enthalten ist? In der Waschmaschine lösen sich winzige Fasern und gelangen in den Wasserkreislauf, wo sie dann von Fischen und anderen Tieren verschluckt werden. Bitte deine Eltern, Kunstfasern in einem speziellen Beutel zu waschen oder Waschkugeln mit in die Trommel zu geben, die dafür sorgen, dass keine Mikrofasern ins Wasser geraten.

Stell deine Snackgewohnheiten um. Chipspackungen und Süßigkeitenpapierchen brauchen manchmal Jahrhunderte, um sich zu zersetzen. Entscheide dich stattdessen für selbstgebackene Kekse, Bonbons aus der Metalldose oder Leckereien, die in Pappschachteln oder Papiertüten daherkommen. Popcorn wird auch in Großpackungen verkauft, und geröstete Kichererbsen sind ein großartiger Ersatz für Chips – im Internet findest du Rezepte.

Pack dir ein plastikfreies Mittagessen ein. Nimm dafür eine wiederverwendbare Box, verzichte auf Plastikbesteck und benutze Bienenwachstücher anstelle von Frischhaltefolie.

Geh »ploggen«. Das ist eine Verbindung aus Joggen und Müllsammeln – macht Spaß und hält dich zusätzlich noch fit!

Setze auf wiederverwendbare Wasserflaschen und Keramiktassen statt auf Wasser in der Einwegflasche oder Papierbecher mit Plastikbeschichtung, die sich nicht recyceln lassen.

Mach bei einer Müllsammelaktion an einem Strand mit. Ein Drittel allen Abfalls, der an Stränden gefunden wird, besteht aus diesen sieben Dingen: Plastiktüten, Flaschen, Deckeln, Besteck und Strohhalmen, Feuchttüchern, Süßigkeitenpapierchen und Chipstüten.

Nimm Waschlappen als Alternative zu Feuchttüchern. Feuchttücher sind praktisch, enden aber häufig als Fettberg in der Kanalisation – also als verklumpter Haufen aus Müll, der nicht biologisch abbaubar ist. Igitt!

Denk an die Tasche! Beim Einkaufen solltest du immer eine Baumwolltasche dabeihaben – ermutige auch andere, das Gleiche zu tun.

Verlass dich nicht länger auf Recycling. Nicht alles lässt sich in anderer Form wiederverwerten. Produkte von geringer Qualität und sehr dünnes Plastik landen auf Deponien oder in der Müllverbrennung.

Verwende Stückseife statt Duschgel in Plastikflaschen. Auch Shampoo und Conditioner gibt es mittlerweile am Stück!

Lass die Luft aus dem Ballon. Luftballons fliegen zu lassen, schadet der Umwelt immens. Am Ende gelangen die Ballons ins Meer, Tiere verheddern sich darin oder fressen sie versehentlich. Dekorieren kannst du genauso toll mit Pompons aus Papier.

Trink Milch aus der Flasche. Viele Familien sind absolut schockiert, wenn sie sich bewusst machen, wie viele plastikbeschichtete Milchtüten sie in der Woche verbrauchen. Die Lösung ist einfach: Bitte deine Eltern, im Supermarkt nach Milch in Glasflaschen Ausschau zu halten.

Einmal bücken, bitte. Spazier nicht einfach an Müll vorbei – heb ihn auf! Diese simple Tat könnte einem Wildtier das Leben retten.

Hör auf, auf Plastik herumzukauen. War dir klar, dass Kaugummi aus Plastik hergestellt wird? Pfui Teufel! Einige Firmen produzieren natürliches Kaugummi, das biologisch abbaubar und frei von Chemikalien ist. Es besteht aus Chicle, dem Milchsaft eines Baums.

SELBST WENN DU NUR EIN PAAR DIESER EINFACHEN IDEEN UMSETZT, WIRD DAS DAZU BEITRAGEN, DASS VIELES SICH ÄNDERT. UND: ERZÄHL ES WEITER!

Stell deine eigenen Soßen und Würzpasten her. Zum Beispiel Senf, Schokosoße oder Mayonnaise – das geht ganz einfach, und im Glasbehälter sind sie lange haltbar.

Koch dir plastikfreien Tee. Die meisten Leute haben keine Ahnung, dass sich in dem Material ihrer Teebeutel Plastik verbirgt. Loser Blättertee ist die eindeutig bessere Alternative, und auch damit gelingt die Zubereitung kinderleicht.

Benutz kompostierbare Kotbeutel für die Hinterlassenschaften deines Hundes.

Besorg dir eine Zahnbürste aus Bambus. Fische müssen ihre Zähne nicht putzen! Sorge mit dafür, dass weniger Plastikzahnbürsten im Meer landen, indem du in Zukunft komplett darauf verzichtest. Probier außerdem Zahnseide aus echter Seide aus! Beides findest du online oder oft auch im Drogeriemarkt.

Bring eigene Behälter mit und lass dir darin Essen zum Mitnehmen einpacken. So kannst du auf die Styroporboxen (Öko-Albtraum) und Schachteln aus Karton (die oft mit Plastik beschichtet sind und sich deshalb nicht recyceln lassen) getrost verzichten.

E STEHT FÜR EIGENINIT

Nicht alle Schulen klären ausreichend über Themen wie den Klimawandel auf – obwohl sie das wirklich dringend müssten. Deshalb ist es umso wichtiger, dass du dich *eigenständig* darüber informierst, was in und mit der Welt passiert. Nur so kannst du bessere Entscheidungen für deine eigene Zukunft treffen und dafür sorgen, dass deine Botschaft klar und deutlich gehört wird.

Sei der beste Weltveränderer, der du sein kannst, indem du diese einfachen Tipps beherzigst:

Sei informiert. Halte dich bei aktuellen Themen auf dem Laufenden. Spontan ein paar Kernfakten aus dem Ärmel schütteln zu können, macht manchmal den entscheidenden Unterschied.

Fass dir ein Herz. Bleib nicht stumm, nur weil du keinen Streit provozieren willst. Mag sein, dass es beim ersten Mal Überwindung kostet, den Mund aufzumachen, aber hinterher wirst du froh sein, es getan zu haben.

Bleib positiv. Angesichts all der Probleme und Herausforderungen, die unser Planet meistern muss, kann man leicht den Mut verlieren. Doch lass dich von den negativen Gefühlen zu positiven Taten inspirieren! Mit der Gewissheit, dass du aktiv daran mitarbeitest, die Situation zu verändern, wirst du dich gleich besser fühlen.

Sei proaktiv. Warte nicht, bis jemand dir sagt, dass du dich für die Dinge einsetzen sollst, die dir am Herzen liegen. Gründe deine eigene Gruppe. Schreib einen Brief oder eine Mail. Triff dich mit denen, die in deiner Schule etwas zu sagen haben. Halte Augen und Ohren nach neuen Möglichkeiten offen.

ATIVE

EIGENINITIATIVE
bedeutet, dass du stark und zuversichtlich
dein Leben selbst in die Hand nimmst.

Mach dich auf Widerstand gefasst. Nicht jeder wird Feuer und Flamme für deine Sache oder Botschaft sein. Mit Ablehnung und Gegenwehr umzugehen, gehört zum Job eines Weltveränderers dazu.

Story statt Statistik! Bring für andere in sechzig Sekunden auf den Punkt, was dich dazu inspiriert hat, aktiv zu werden. Menschen LIEBEN solche Geschichten!

Lass Worten Taten folgen. Geh mit gutem Beispiel voran und motiviere andere durch deine Aktionen und dein Engagement, sich ebenfalls für eine bessere Welt stark zu machen.

Gib niemals auf. Aktivisten weht ständig ein rauer Wind entgegen. Vielleicht unterstützt deine Familie dich nicht oder deinen Freunden ist es zu anstrengend, auf Plastik zu verzichten. Vielleicht macht dich das müde oder wütend oder einsam. Der beste Rat an dich: Lass diese Gefühle zu und steh sie durch. Auf Regen folgt stets Sonnenschein!

Du bist Teil einer Bewegung. Wenn du dich mit anderen triffst, die dieselben Ziele verfolgen, kann dir das helfen, bei der Stange zu bleiben. Schau dich nach Ortsgruppen oder Versammlungen um und lerne so weitere Aktivisten in deiner Nähe kennen.

VOILÀ, GERN GESCHEHEN!

KIDS LEGEN LOS

YOLA MGOGWANA

Geboren: 2008   **Heimat:** Südafrika
Aktion: bildet Kinder zu Umweltkämpfern aus

»WIR HABEN ES SATT, AUF DIE ERWACHSE-
NEN ZU WARTEN. WIR SIND DIE ZUKUNFT
UND WIR HABEN DIE STIMME UND DIE MACHT,
DINGE ZU VERÄNDERN.«

Yola erlebt die Auswirkungen des Klimawandels am eigenen Leib. Vor gar nicht allzu langer Zeit herrschte in Südafrika die schlimmste Dürre der vergangenen 100 Jahre, und die Einwohner muss-ten sich ihr Wasser stark einteilen. Für Yola sind Geschehnisse wie dieses Zeichen dafür, dass die Menschen schnellstmöglich ihre Lebensweise ändern müssen.

Yola schloss sich einem Schülerstreik für das Klima an und trat als Freiwillige dem »Earthchild Pro-ject« bei. Im Rahmen dieses Projekts hilft sie örtlichen Schule dabei, »lebende Klassenzimmer« zu gestalten – Umwelt-Clubs, in denen die Kids mehr über die Natur lernen. Außerdem zeigt Yola jünge-ren Schülern, wie sie ihren Wasserverbrauch im Blick behalten und Gemüse anpflanzen können und sogar, wie sich Lebensmittelabfälle verringern lassen, indem man sie in Wurmfarmen kompostiert!

ZURIEL ODUWOLE

Geboren: 2002   **Heimat:** USA
Aktion: setzt sich mit Filmen für Mädchenbildung ein

»ES MACHT MIR SORGE, DASS NICHT
JEDES MÄDCHEN DAS RECHT AUF EINE
AUSBILDUNG UND SOMIT EINE CHANCE HAT
SEINE TRÄUME ZU VERWIRKLICHEN.«

Im Alter von neun Jahren nahm Zuriel an einem Wettbewerb ihrer Schule teil, bei dem es darum ging, einen Dokumentarfilm zu drehen. Sie wollte etwas Außergewöhnliches einreichen; deshalb flog sie nach Afrika, um den Präsidenten von Ghana zu interviewen. Vor Ort fiel ihr auf, dass viele Mädchen in ihrem Alter dort gar nicht zur Schule gingen, und sie beschloss, ein Bildungsprogramm für Mädchen in Afrika auf die Beine zu stellen, das sie »Dream Up, Speak Up, Stand Up« nannte.

Inzwischen hat Zuriel auch Interviews mit anderen wichtigen Politikern geführt und weitere Doku-mentationen über Afrika gedreht. Außerdem hat sie selbst der BBC Rede und Antwort gestanden und wurde mit zehn Jahren als jüngster Mensch aller Zeiten in der berühmten Zeitschrift *Forbes* vorge-stellt. Ihr Name findet sich zudem auf der Liste der 100 einflussreichsten Menschen in Afrika. Heute bringt sie jungen Mädchen auf dem gesamten Kontinent ebenfalls das Filmemachen bei.

ALEX WHITE

Geboren: 2003 **Heimat:** England
Aktion: bloggt über Natur und Wildtiere

Als Alex mit drei Jahren gemeinsam mit seinen Eltern einen Dachs beobachtete, wurde sein Interesse für wilde Tiere geweckt. Im Alter von zehn Jahren startete er seinen eigenen Blog, um darin von seinen Erlebnissen in der heimischen Natur zu erzählen. Dort postet er außerdem jede Menge Tierfotos, zum Beispiel seinen preisgekrönten Schnappschuss eines Feldhasen mit weit aufgerissenen Augen.

In seinem ersten Buch – *Get Your Boots On* – gibt Alex hilfreiche Tipps dazu, wie man der Natur wieder näherkommen kann: wann und wo das am besten funktioniert, wonach man Ausschau halten und was man mitnehmen sollte. Sein Ziel ist es, andere junge Menschen dazu zu motivieren, nach draußen zu gehen und »einfach mal wild« zu sein. Aus Alex' Sicht braucht man gar nicht in die Ferne zu schweifen, um Abenteuer zu erleben oder atemberaubende Landschaften und Tiere zu entdecken. All diese Dinge verstecken sich quasi direkt vor der eigenen Haustür!

NIKHIYA SHAMSHER

Geboren: 2003 **Heimat:** Indien
Aktion: Hat das Projekt »Bags, Books and Blessings« gegründet

Nikhiyas Engagement als Weltveränderin begann, als sie, ohne sich viel dabei zu denken, ihren alten Schulrucksack an ein Mädchen aus einer armen Familie verschenkte. Das Mädchen freute sich überschwänglich und sagte, die Tasche sei die erste, die es je besessen habe. Der Rucksack gab ihr Selbstvertrauen und weckte ihre Vorfreude auf die Schule. Nikhiya staunte darüber, wie viel ein so alltäglicher Gebrauchsgegenstand jemandem bedeuten konnte.

Schockiert erfuhr sie wenig später, dass sich in Indien manchmal bis zu 50 Schüler ein einziges Lehrbuch teilen müssen. Viele gehen barfuß zur Schule, und auch eine Schultasche ist höchster Luxus. So kam Nikhiya die Idee zu »Bags, Books and Blessings«. Dank ihr erhalten mittlerweile Tausende Kids Schulutensilien, Uniformen und Schuhe, die von ortsansässigen Unternehmen gespendet werden. Mit einem anderen Projekt unterstützt Nikhiya die Einrichtung von Laboren in Schulen, die über keinerlei derartige Ausstattung verfügen. Kürzlich wurde sie mit dem »Diana Award« ausgezeichnet.

SCHULPROJEKTE, DIE EINEN UNTERSCHIED MACHEN!

Wie umweltfreundlich ist deine Schule? Gut möglich, dass sich in dieser Hinsicht noch einiges verbessern lässt – und wer käme eher infrage, diese Verbesserungen anzuregen, als ein so gut informierter Weltveränderer wie DU? Sobald die Menschen die Fakten kennen, sind sie meist viel motivierter, etwas anzupacken! Und junge Leute hören viel eher auf Umweltkämpfer in ihrem eigenen Alter!

 Bau ein **Iglu** aus Plastikbehältern oder Ecobricks – das sind Plastikflaschen, die mit sauberen, trockenen Plastiktüten vollgestopft und dann als Bausteine verwendet werden.

 Bitte darum, dass in jedem Klassenraum **Eimer für Restmüll UND Recyclingabfälle** aufgestellt werden – vorsortiert lässt sich Müll viel leichter weiterverwerten!

 Gründe ein **„Green Team"** in deiner Schule, das andere Schüler über den Klimawandel aufklärt. Die Mitglieder könnten sich einmal monatlich treffen, um neue Projekte zu planen.

 Richte eine **Batteriesammelstation** ein. Jeder hat alte Batterien zu Hause herumfliegen!

 Stell eine **Fahrrad-Kampagne** auf die Beine, um die Leute zu ermuntern, in die Pedale zu treten, statt sich ins Auto zu setzen.

 Plane einen **Müllsammeltag**, um dein Schulgelände sauber zu halten.

07 Bau **Vogelfutterstationen** aus alten Milchkartons und häng sie auf dem Schulhof auf.

08 **Bau Gemüse an!** Viele Schulen haben einen Schulgarten, um den die Schüler sich selbstständig kümmern dürfen.

09 **Zeig in deiner Klasse einen Natur- oder Tierfilm** – zum Beispiel aus der Reihe *Unser blauer Planet* oder *Plastic Planet*.

10 Organisiere einen **Umwelt-Quiz-Wettbewerb** für deine ganze Schule!

11 **Besuch mit deiner Klasse eine Wiederaufbereitungsanlage.** Dort lernt ihr Erstaunliches über Müll und darüber, wie ihr euren Abfall reduzieren, wiederverwenden oder recyceln könnt!

12 **Veranstalte einen Müll-Modellbau-Wettbewerb.** Die Teams dürfen zum Bauen Eierkartons, Papprollen, Konservendosen, Cornflakes-Schachteln und Plastikflaschen verwenden. Ob daraus Roboter werden, Fahrzeuge oder der Eiffelturm ... alles ist möglich!

13 Lade zu einer **Modenschau** ein, bei der nur Kreationen gezeigt werden dürfen, die aus Second-Hand-Klamotten oder Upcycling-Projekten entstanden sind.

14 **Gründe eine neue AG**, zum Beispiel die Garten-AG, die Recycling-AG oder den Umweltkämpfer-Club.

15 **Erlebe gemeinsam mit anderen ein Umwelt-Abenteuer.** Beim Teichkeschern oder Flusswandern lässt sich die Natur auf spannende Weise entdecken.

Brücken bauen!

Ein Brückenjahr zwischen Schule und Uni wird bei älteren Jugendlichen immer beliebter. Manche entscheiden sich dafür, bei Umweltprojekten mitzumachen und etwa zum Schutz der Korallenriffe beizutragen, Schildkröteneier zu bewachen, müllverseuchte Strände aufzuräumen und vieles mehr. Die schwedische Aktivistin Greta Thunberg hat sich ein Jahr freigenommen, um ihre Kampagne für den Umweltschutz voranzubringen. Als Auftakt ist sie über den Atlantik zu einer UN-Klimakonferenz gesegelt – und zwar an Bord einer umweltfreundlichen Jacht!

NATUR-WUNDER

Genau wie wir Menschen brauchen auch Tiere und Pflanzen einen Platz zum Leben. Allerdings fällt die Menschheit fleißig Wälder und verschmutzt Meere, Flüsse und andere Lebensräume – und das alles in einem alarmierenden Tempo.

In Gegenden wie dem Amazonas-Regenwald ist der Schaden besonders dramatisch: Jede Minute wird dort eine Fläche von der Größe eines Fußballplatzes zerstört, damit das Land künftig für Ackerbau, Viehhaltung oder zur Bebauung genutzt werden kann. Wenn wir so weitermachen, sind sämtliche Regenwälder unserer Erde vermutlich innerhalb der nächsten 100 Jahre verschwunden! Eine Tragödie! Und die Feuer, die 2019 außer Kontrolle in der Amazonas-Region wüteten, haben alles nur noch schlimmer gemacht.

Der Verlust von Lebensräumen ist besonders für ohnehin bereits bedrohte Tier- und Pflanzenarten eine riesige Gefahr. Und das wiederum stellt aus vielerlei Gründen ein Problem dar – nicht zuletzt deshalb, weil alle Lebewesen der Erde miteinander verbunden sind. Von winzigen Algen über turmhohe Mammutbäume bis hin zu uns Menschen: Wir alle befinden uns in einem empfindlichen Gleichgewicht und sind voneinander abhängig. Stirbt eine Spezies aus, schrumpft die Vielfalt (oder „Biodiversität") und das ganze Konstrukt wird schwächer. Eine schlechte Nachricht für alles und jeden auf diesem Planeten.

Heutzutage sind auch mehr Pflanzenarten vom Aussterben bedroht als je zuvor in der Erdgeschichte. Und gleichzeitig wird uns endlich klar: Die Natur ist nicht einfach ein Warenlager, aus dem wir uns nach Lust und Laune bedienen dürfen, um bis in alle Ewigkeit unsere menschlichen Bedürfnisse zu stillen. Um selbst überleben zu können, sind wir auf die Natur angewiesen und müssen sie deshalb mit Sorgfalt und Respekt behandeln. Wenn wir mit der Zerstörung nicht aufhören, riskieren wir, alles zu verlieren.

Experten sagen, dass Mutter Natur ganz dringend unsere Hilfe braucht, um sich wieder zu erholen – also müssen wir **JETZT** handeln!

>>ICH WILL, DASS IHR SO HANDELT, ALS WÜRDE EUER HAUS IN FLAMMEN STEHEN. DENN ES STEHT IN FLAMMEN.<<

GRETA THUNBERG

Und an dieser Stelle kommst du ins Spiel. Junge Weltveränderer in aller Welt schließen sich zusammen, um für eine grünere Zukunft zu kämpfen. Sie sind der Überzeugung, dass wir die Erde bloß geliehen haben – und dass jede Generation sie der nächsten in einem besseren Zustand hinterlassen sollte. Siehst du das auch so? Dann lies weiter und finde heraus, wie auch du dich einbringen kannst!

KIDS LEGEN LOS

MADISON PEARL EDWARDS

Geboren: 2006   **Heimat:** Belize
Aktion: hat ein Korallenriff gerettet

Madison lebt in dem mittelamerikanischen Land Belize, vor dessen Küste sich das zweitgrößte Wallriff der Welt befindet. Als sie davon hörte, dass in der Nähe nach Öl gebohrt werden sollte, war sie fassungslos darüber, wie Menschen ein so kostbares Naturwunder und alles Leben darin in Gefahr bringen wollten. Ihrer Wut machte sie auf ihrem Blog und in den sozialen Netzwerken Luft.

Außerdem schrieb Madison einen Artikel darüber, wie sie das Riff einmal komplett der Länge nach entlanggeschnorchelt war – sie hatte eine ganze Woche dafür gebraucht und war die erste Belizerin, der es überhaupt gelang! Madisons Engagement inspirierte andere dazu, ihr zu helfen, indem sie Petitionen unterzeichneten, Mails schrieben und dadurch Druck auf die Regierung ausübten. Mittlerweile hat Belize ein Gesetz verabschiedet, dass Ölbohrungen im gesamten Seegebiet des Staates verbietet. Was für ein Erfolg!

»WENN [FÜHRENDE POLITIKER] NICHTS UNTERNEHMEN, UM DEN KLIMAWANDEL AUFZUHALTEN, WIRD UNSERE ZUKUNFT DARUNTER LEIDEN.«

CATARINA LORENZO

Geboren: 2007   **Heimat:** Brasilien
Aktion: hat sich im Namen der Weltjugend mit einer Petition an die UN gewandt

Catarina verbringt viel Zeit an den Stränden Brasiliens und hat die steigenden Meerestemperaturen nicht nur gespürt, sondern auch mit eigenen Augen gesehen, wie sie sich auf die Korallenriffe und das Leben im Meer vor ihrer Haustür auswirken. Außerdem erlebt Catarina, wie das örtliche Klima durch weniger Regen immer trockener wird, was wiederum zu schlimmeren Waldbränden und manchmal tagelanger Wasserknappheit führt.

Auch die Stürme werden merklich heftiger. Im Juli 2019 wütete einer davon mit so kräftigem Regen und starkem Wind, dass Catarinas Zuhause beschädigt wurde und giftiger Abfall in die Flüsse und an die Strände gelangte. Das bereitete ihr so große Sorge, dass sie zusammen mit 16 anderen Jugendlichen eine offizielle Beschwerde wegen des Klimawandels an die Vereinten Nationen richtete.

IRIS DUQUESNE

Geboren: 2003 **Heimat:** Frankreich

Aktion: hat sich im Namen der Weltjugend mit einer Petition an die UN gewandt

Der erste Sommer in Iris' Leben war der heißeste in Europa seit dem Jahr 1540: Sie war drei Monate alt, als eine tödliche Hitzewelle Frankreich überrollte und ihre Eltern um ihr Leben fürchten mussten. Im Laufe ihrer Kindheit erlebte der Südwesten des Landes weitere Extremwetterlagen infolge des Klimawandels. Überflutungen, die Menschenleben kosten, sind mittlerweile keine Seltenheit mehr, und auch Stürme treten häufiger und stärker auf.

Einmal regneten während eines solchen Unwetters Hagelkörner in Golfballgröße vom Himmel! Die Flut steigt ebenfalls oft gefährlich hoch, sodass immer mehr Küste abgetragen wird. Eines der größten Gebäude der Stadt Bordeaux wurde sogar evakuiert, da die Menschen fürchteten, es könnte ins Meer stürzen. Der Klimawandel macht Iris Angst, und sie fühlt sich hilflos und betrogen – so sehr, dass sie sich schließlich anderen jungen Aktivisten angeschlossen hat und ebenfalls die offizielle Beschwerde bei den UN unterstützt.

DARA MCANULTY

Geboren: 2004 **Heimat:** Nordirland

Aktion: möchte jedem ermöglichen, einen Zugang zur Natur zu finden

Dara verwendet seine komplette Freizeit darauf, der Natur und wilden Tieren zu helfen – doch sein Engagement ist viel mehr als ein bloßes Hobby für ihn. Er leidet am Asperger-Syndrom, und indem er Zeit in der Natur verbringt, fühlt er sich stärker verbunden mit einer Welt, die ihm oft verwirrend und überwältigend erscheint. Als Daras Familie aus Belfast aufs Land zog, begann er, seine Liebe zur Natur in einem Blog mit anderen zu teilen. Außerdem dreht er Videos, hält Reden und veranstaltet Strand-Aufräumaktionen. Einmal hat er (im Winter!) eine Bergwanderung über fast 50 Kilometer gemacht, um Spendengelder gegen Wildtierkriminalität zu sammeln.

Als jüngstem Menschen aller Zeiten wurde Dara von der »Royal Society for the Protection of Birds«, Europas größter Organisation zum Schutz von Wildvögeln, die »RSPB Medal« verliehen. Darüber hinaus hatte er einen Auftritt in der britischen Kinderfernsehsendung *Blue Peter* – und hat neben all dem noch die Zeit gefunden, ein Buch zu verfassen: *Diary of a Young Naturalist* – also »Tagebuch eines jungen Naturliebhabers«.

LEBEN À LA FRILUFTSLIV

Was um alles in der Welt ist *friluftsliv*? Das schwedische Wort bezeichnet einen Lebensstil, der ganz darauf ausgerichtet ist, die Natur zu entdecken und wertzuschätzen. Wie genau das aussehen soll, ist gar nicht so wichtig – viel eher geht es darum, jede Gelegenheit zu nutzen, Zeit im Freien zu verbringen. Also, worauf wartest du? Ab nach draußen und hab Spaß!

GEH SPAZIEREN – in deiner Wohngegend oder einem nahen Park.

MACH EIN PICKNICK. Vieles schmeckt draußen einfach besser!

LADE BIENEN EIN. Gemüse und Blumen anzubauen, macht Spaß und hilft, Bestäuber herbeizulocken. Selbst wenn du nur wenig Platz hast, kannst du ein paar Kräuter in kleinen Töpfen auf der Fensterbank ziehen. Überleg dir außerdem mit deiner Familie, ob ihr einen Teil des Gartens »wild« wuchern lassen wollt, damit Wiesenblumen und Gras sich frei entfalten können.

SCHLAF UNTER DEN STERNEN. Verbring eine Nacht im Zelt im Garten oder campe in einem Moor oder Wald, in Strandnähe oder in den Bergen – ganz egal!

ERSCHAFFE EIN LANDSCHAFTSKUNSTWERK mit Zweigen oder abgefallenem Laub oder Steinen. Dann mach ein Foto davon und lass alles so liegen.

BESTEIGE EINEN HÜGEL. Lauf mit deinen Freunden um die Wette – wer ist als Erster oben?

PFLÜCKE ÄPFEL auf einer Streuobstwiese und verwandele sie in etwas Leckeres, zum Beispiel Mus oder Streuselkuchen.

SAMMELE KASTANIEN und liefere dir einen Wettkampf mit deinen Freunden – im Zielwerfen, Kastanienboule oder Pyramidenbauen.

UNTERNIMM EINE WANDERUNG mit deiner Familie oder schließ dich der örtlichen Pfadfindergruppe an, mit der du jede Menge Abenteuer in der Wildnis erleben kannst.

SPIEL EINE RUNDE »ICH SEHE WAS, WAS DU NICHT SIEHST« auf dem Weg zur Schule mit deinen Freunden.

HALTE DIE NASE IN DIE LUFT. Wonach duftet es, und wie viele verschiedene Gerüche nimmst du wahr? Blumen? Regen? Gras? Erde?

BETRACHTE DEN MOND. Ist er voll, zunehmend, abnehmend – oder gar nicht zu sehen, weil Neumond herrscht? Wenn du die verschiedenen Mondphasen kennst, macht das Beobachten noch mehr Spaß.

NOCH MEHR TOLLE OUTDOOR-WÖRTER

Gökotta ist ein schwedisches Wort, das »bei Sonnenaufgang aufstehen und den Vögeln lauschen« bedeutet.

Earthing beschreibt das Barfußgehen, um direkten Kontakt zur Energie unseres Planeten aufzunehmen. Laut Studien ist das gut für die Gesundheit.

Shirin-yoku ist ein japanischer Ausdruck für »Waldbaden«. Such dir einen Ort mit vielen Bäumen und setz dich dort still hin oder spaziere ein Stück. Sag nichts, SEI einfach.

MELDE DICH ZU EINER NATURUNTERNEHMUNG AN. Da draußen gibt es Angebote für alle möglichen Interessen – ob Wandern, Kanufahren, Überlebenstraining, Orientierungslauf, Astronomie, Waldspaziergänge oder Kurse in Naturfotografie.

LEGE EIN WILDNISPROFIL BEI INSTAGRAM AN. Such dir eine Pflanze oder Landschaft und fotografiere sie einen Monat lang jeden Tag – lade die Bilder hoch und schau dir an, wie dein Kanal täglich an Leben und Farbe gewinnt. (Vergiss nicht: Dafür solltest du mindestens 13 Jahre alt sein!)

GEH IM DUNKELN RAUS. Mach bei einer geführten Dachs- oder Fledermauswanderung mit und begegne faszinierenden nachtaktiven Geschöpfen.

SCHLÜPF IN DIE GUMMISTIEFEL. Es ist grau und verregnet – na und? Ein berühmtes Sprichwort besagt: »Es gibt kein schlechtes Wetter, nur schlechte Kleidung.« Also zieh die Gummistiefel und eine Regenjacke an und geh trotzdem nach draußen! Du wirst staunen, wie anders manches im Regen aussieht, klingt oder riecht.

SO WIRST DU ZU
ROBIN
WOOD

Mit dem, was du heute tust, kannst du dazu beitragen, die Natur für viele nachfolgende Generationen zu bewahren. Hier ein paar ganz simple Vorschläge, die sich sofort umsetzen lassen:

Berühre und pflücke keine wildwachsenden Pflanzen. Studien haben gezeigt, dass Pflanzen es nicht mögen, angefasst zu werden. Lass sie also in Ruhe und an Ort und Stelle, damit auch andere sich an ihnen erfreuen können.

Verzichte auf Pestizide, die ins Grundwasser gelangen und so Pflanzen und Tieren – auch Haustieren und uns Menschen! – schaden können.

Besuche Nationalparks und Naturschutzgebiete. Oft sind solche Reservate auf Touristen angewiesen, um die Kosten für ihre Naturschutzarbeit zu decken. Versuch, deine Ausflüge außerhalb der Saison zu planen, wenn weniger Besucher unterwegs sind.

Sammle Spenden für deine Lieblings-Naturschutzorganisation – mit einem Kuchenstand, Flohmarkt oder indem du Selbstgebasteltes verkaufst.

Bleib auf den Wegen, um keine Pflanzen kaputt zu machen oder Tieren, die in der Gegend leben, zu schaden.

Tritt einem Umwelt-Club bei oder schließ dich der Jugendgruppe einer Naturschutzorganisation an.

Lern Pflanzen zu bestimmen – mithilfe eines Buchs oder einer App für das Smartphone.

Kläre andere über Naturschutz auf, indem du eine Webseite oder einen Blog anlegst.

Spare Papier. Drucke nur aus, was du unbedingt benötigst, und nutze die Blätter beidseitig. Mach dir Notizen auf alten Briefumschlägen und verschicke E-Cards. Schreib jeden Zettel so voll wie möglich, ehe du ihn entsorgst. Und vielleicht kann dein Lehrer manche Hausaufgaben in Zukunft online stellen?

Benutz korallenfreundlichen Sonnenschutz, dessen Inhaltsstoffe nicht zur Korallenbleiche beitragen oder Meerestieren schaden.

Sei wählerisch bei Süßigkeiten, denn in vielen steckt Palmöl. Und Palmöl ist SCHLECHT. Auf der ganzen Welt werden Regenwälder zerstört, um Platz für riesige Palmölplantagen zu schaffen. Lies die Zutatenliste, um sicherzugehen, dass in deinen Keksen und Chips keins enthalten ist – und falls doch, kauf etwas anderes.

Repariere oder recycle deine elektronischen Geräte, um zu verhindern, dass giftige Chemikalien in Boden und Wasser nahe der Mülldeponien gelangen. Alte Handys kann man oft auch in Elektrofachmärkten zurückgeben.

Füttere Vögel. Häng eine einfache Futterstation vor einem Fenster auf oder stell ein Vogelhäuschen in den Garten.

Lass der Natur ihren Freiraum. Gib Efeu die Möglichkeit, Wände emporzuranken und so neuen Lebensraum und Nahrung für Insekten zu erschaffen. Gestatte Schnecken, an den Pflanzen im Garten zu knabbern. Betrachte Unkräuter als Wildblumen – und schon sehen sie viel hübscher aus!

SCHON GEWUSST?

- Keine andere Pflanze wächst schneller als Bambus – manche Arten bis zu 91 Zentimeter am Tag.
- Allein für die Papierherstellung werden jedes Jahr etwa 15 Milliarden Bäume gefällt.
- 80 Prozent aller Spezies unseres Planeten sind in den tropischen Regenwäldern zu Hause.

PFIFFIGE VORDENKER

Viele Leute denken, dass die Jugend von heute nur noch am Handy klebt und besessen von technischem Schnickschnack ist – dabei verbessern jede Menge Kids die Welt mit ihren cleveren Erfindungen. Denn junge Menschen sind von Natur aus neugierige Lösungsfinder mit unglaublicher Vorstellungskraft, und eine tolle Idee ist eine tolle Idee, ganz gleich, wem sie in welchem Alter einfällt!

Die folgenden Erfindungen der Geschichte stammen allesamt von jungen Leuten:

RECHENMASCHINE. Blaise Pascal entwarf 1642 im Alter von 18 Jahren eine frühe Version des Taschenrechners.

BRAILLE. Louis Braille war zwölf, als er eine Methode austüftelte, die ihm und anderen blinden Menschen das Lesen erleichtern sollte. Sein System verwendet eine Anordnung erhöhter Punkte, die die Leser mit den Fingerspitzen ertasten. Auf diese Weise lässt sich mit einem speziellen Apparat auch schreiben.

OHRENWÄRMER. Der 15-jährige Chester Greenwood wollte sich beim Eislaufen die Ohren warmhalten. Also bat er seine Großmutter, ihm Fellpolster an die Enden zweier Drähte zu nähen. Im Nu wollten so viele Leute etwas Ähnliches haben, dass er ein Patent darauf anmeldete und seine Erfindung als Ohrenwärmer vermarktete.

LEUCHTPAPIER. 1974 erschuf die zwölfjährige Becky Schroeder Papier, das im Dunkeln leuchtete – eine Erfindung, die insbesondere für Ärzte und Fotografen, die gelegentlich im Dunkeln schreiben müssen, unheimlich nützlich war und ist.

UMARMUNGSMASCHINE. Mit 18 Jahren erfand Temple Grandin eine Pressmaschine, die ihr dabei half, Stress abzubauen. Temple ist Autistin, und die Idee zu ihrer Maschine kam ihr in den 1960er-Jahren, nachdem sie beobachtet hatte, wie eine ähnliche Apparatur eine beruhigende Wirkung auf verängstigte Farmtiere entfaltete.

»FANTASIE IST WICHTIGER ALS WISSEN, DENN WISSEN IST BEGRENZT.«
ALBERT EINSTEIN

EIS AM STIEL. Diese süße Köstlichkeit erfand Frank Epperson 1905 durch Zufall: Damals war er elf und vergaß über Nacht ein Getränk, das er sich aus Wasser und Brausepulver zusammengerührt hatte, auf der Veranda. Der Rührlöffel steckte noch im Glas – und am nächsten Morgen war die Flüssigkeit daran festgefroren. Heureka!

NOTSTOPP FÜR MASCHINEN. Mitte des 19. Jahrhunderts arbeitete Margaret Knight in einer Textilfabrik. Im Alter von zwölf Jahren wurde sie Zeugin eines schrecklichen Unfalls, der sie auf die Idee brachte, eine Sicherheitsvorkehrung für Webstühle zu erfinden. Später meldete sie noch zahlreiche weitere Patente an, etwa eines für Papiertüten mit rechteckigem Boden.

TELEFON. Alexander Graham Bell war 18, als er austüftelte, wie sich mithilfe von elektrischem Strom Töne von einem Ort zu einem anderen übertragen ließen. Seine Experimente führten schließlich zur Erfindung des Telefons.

FERNSEHEN. Mit 14 Jahren skizzierte Philo Farnsworth seine Idee für ein Gerät, das elektronisch erzeugte Bilder abspielen konnte. Sein Prototyp wurde im Jahr 1927 zum ersten Fernsehapparat der Welt weiterentwickelt.

TRAMPOLIN. Als George Nissen 16 war, erfand er das Trampolin, um damit mehr Muskelmasse fürs Turnen aufzubauen. Das Sportgerät wurde Mitte der 1930er-Jahre sofort zum Hit.

Na, inspiriert? Lies weiter, um noch mehr über vier junge Erfinder zu erfahren, deren Fantasie Großartiges entsprungen ist!

KIDS LEGEN LOS

XÓCHITL GUADALUPE CRUZ LÓPEZ

Geboren: 2009   **Heimat:** Mexiko
Aktion: hat einen solarbetriebenen Wasserboiler erfunden

Xóchitl lebt in einer sehr kalten, ländlichen Region Mexikos. Die Einheimischen erwärmen ihr Wasser dort mit Holzfeuern statt der teureren Elektrizität. Xóchitl entschloss sich, eine günstigere, umweltfreundlichere Möglichkeit zu finden.

Nachdem sie zuerst ein paar Skizzen angefertigt hatte, sammelte sie Recyclingmaterial, um ihre Idee zu konstruieren: einen 15 Meter langen schwarzen Schlauch, zehn stabile, schwarz angemalte Plastikflaschen, Kabelbinder aus Plastik, eine Holzplatte als Sockel, schwarzes Nylon und Recyclingglas. Mithilfe ihres Vaters installierte sie ihren solarbetriebenen Wassererwärmer auf dem Dach ihres Hauses. Und er funktionierte! 10 Liter Wasser ließen sich damit auf 35 bis 45 °C erhitzen.

Für ihre Erfindung wurde Xóchitl als erstes Kind überhaupt von der Nationalen Autonomen Universität von Mexiko mit dem »ICN Women's Recognition Award« ausgezeichnet. Und das im Alter von damals erst acht Jahren!

MIHIKA SHARMA

Geboren: 2010   **Heimat:** England
Heimat: hat den »Smart Stick« ausgetüftelt

Der Anblick einer blinden Frau, die beim Überqueren einer Straße ins Stolpern geriet, ließ Mihika nicht mehr los – und sie nahm sich vor, ein Hilfsmittel für sehbehinderte Menschen zu entwickeln. Der »Smart Stick« – so hat sie ihre Erfindung genannt – verfügt über eine Vielzahl von Funktionen: Vibrationsalarm, LED-Beleuchtung für gute Sichtbarkeit im Dunkeln und eine Kamera, mit der der Stab Hindernisse erkennt und entsprechend davor warnen kann. Ein Sensor spürt sogar Pfützen auf!

Die Idee war so gut, dass Studenten des University College London Mihika dabei halfen, mit einem 3D-Drucker einen Prototyp herzustellen. Damit gewann sie den »BT Young Pioneer Award 2019«. Wow!

MAANASA MENDU

Geboren: 2003   **Heimat:** USA
Heimat: hat einen sauberen Stromgenerator entwickelt

»NIEMAND AUF DER WELT IST ZU JUNG ODER ZU ALT ODER ZU UNERFAHREN, UM EIN PROBLEM ZU ERKENNEN UND SICH AN EINER LÖSUNG DAFÜR ZU VERSUCHEN.«

Bei den jährlichen Besuchen ihrer Familie in Indien sah Maanasa mit eigenen Augen, wie hart der Alltag für Menschen ohne Elektrizität oder sauberes Wasser ist. Für 50 Millionen Inder ist der Tag somit quasi sofort zu Ende, sobald die Sonne untergegangen ist. Maanasa traf Kinder, die sich um eine einzige Kerosinlampe drängten, um ihre Hausaufgaben machen zu können.

Fest entschlossen, etwas an dieser Situation zu verändern, entwarf Maanasa ein Gerät, das mithilfe von Sonne, Wind und Regen erneuerbare Energie erzeugt. Dazu nutzt es sogenannte »Solarblätter« und ein spezielles Material, das Vibration in elektrischen Strom umwandelt. Maanasa hat ihrer Erfindung den Namen HARVEST (also »Ernte«) gegeben, weil sie in der Lage ist, Energie zu sammeln. Jedes der kleinen Geräte ist in der Herstellung zudem genial günstig – die Produktion kostet umgerechnet weniger als 6 €. Maanasa wurde als beste Nachwuchswissenschaftlerin der USA ausgezeichnet und hofft, ihren Apparat der ganzen Welt zugänglich machen zu können, sobald das Modell perfekt ist.

FIONN FERREIRA

Geboren: 2001   **Heimat:** Irland
Heimat: holt Mikroplastik aus dem Wasser

»ICH BEHAUPTE NICHT, DASS MEIN PROJEKT DIE LÖSUNG IST. DIE LÖSUNG BESTEHT DARIN, DASS WIR KOMPLETT AUF PLASTIK VERZICHTEN.«

Die zündende Idee kam Fionn, als er in der Nähe seiner kleinen Heimatstadt an der Küste einen ölverschmierten Stein fand. Ihm fiel auf, dass im Öl kleine Mikroplastikpartikel klebten. Da sie zu winzig sind, um von den Filtern in Kläranlagen ausgesiebt zu werden, gelangen diese Mikroplastikteile in Bäche, Flüsse und ins Meer – und so letztlich zu Tieren und Menschen.

Der Stein erinnerte Fionn an etwas, das er im Chemieunterricht gelernt hatte: »Gleich und Gleich gesellt sich gern.« Was, wenn man dem Mikroplastik etwas zum Anhaften anbot? Er tüftelte eine Lösung aus – eine Flüssigkeit, die Plastikpartikel anzieht und sich anschließend mit einem Magnet wieder abschöpfen lässt, sodass klares Wasser zurückbleibt. Fionn reichte sein Projekt 2019 bei der »Google Science Fair«, einem internationalen Wissenschaftswettbewerb, ein – und gewann prompt den Hauptpreis von umgerechnet knapp 50 000 €! Er hofft, dass seine Methode künftig in Wasseraufbereitungswerken genutzt werden kann.

VERQUERER UND VERQUERER

Ein Vordenker zu sein, bedeutet, Probleme als Herausforderungen zu verstehen, die mit ein wenig Fantasie zu lösen sind. Mit diesen Tipps wirst du ebenfalls zum raffinierten Zukunfts-Tüftler:

Sieh die Dinge positiv. Überlege, wie etwas *funktionieren* könnte, und nicht, wieso es vermutlich nicht klappt.

Wechsele den Blickwinkel. Frag dich zum Beispiel: »Wie geht man mit so etwas in anderen Kulturkreisen um?« Sei offen für neue Ideen, dann findest du überall Inspiration.

Beobachte. Geh aufmerksam durch die Welt und lerne von anderen, indem du ihnen zuschaust.

Verlass deine Komfortzone. Verbring Zeit mit Kindern, die normalerweise nicht zu deinem Freundeskreis gehören. So stößt du vielleicht auf neue Ideen oder Meinungen, die dir die Augen öffnen.

Probier Neues aus. Dadurch bringst du dein Gehirn dazu, umzuschalten und neue Strategien zu entwickeln. Koste unbekanntes Lebensmittel, lern neue Kniffe, melde dich zu einem Workshop an – worauf auch immer du Lust hast!

Hab keine Angst, dich zu blamieren. So manch geniale Idee lauert womöglich nur darauf, sich zu zeigen, sobald du einmal alle Hemmungen über Bord wirfst und die Dinge einfach passieren lässt.

Frag: »Wieso?« Bloß weil etwas immer auf eine bestimmte Weise gehandhabt worden ist, muss das nicht heißen, dass es nicht auch anders ginge. Und vielleicht sogar besser.

Entspann dich. Geistesblitze feuert dein Gehirn meist in Pausenzeiten ab. Gönn dir ein Bad, mach ein Nickerchen, schau den Wolken zu. So kriegen deinen grauen Zellen Gelegenheit, zu Arbeiten.

DER DESIGN-PROZESS

MARKTLÜCKE FINDEN. Das Wichtigste zuerst: Finde ein Problem, das gelöst werden muss. In deinem täglichen Umfeld gibt es garantiert Dinge, die verbesserungswürdig sind. Fang zu Hause, in deinem Ort oder deiner Schule mit der Suche an.

BRAINSTORMEN. Grübele nach möglichen Lösungen und recherchiere ein bisschen. Sprich am besten mit den Menschen, die von dem Problem betroffen sind. Vielleicht hörst du dabei etwas, das dir die zündende Idee beschert.

GESTALTEN UND BAUEN. Sobald du einen genialen Einfall hattest, fängt das Tüfteln an: Skizziere die Umsetzung auf einem Zettel und schreib eine Liste mit allen benötigten Materialien. Wende dich an deine Eltern oder einen Lehrer, falls Fragen auftreten.

TESTEN UND FEINJUSTIEREN. Damit deine Erfindung perfekt wird, solltest du sie mehrfach testen. Bitte auch andere Leute, Probeläufe durchzuführen. Bastele immer weiter und lass dich nicht entmutigen! Jetzt geht es darum, am Ball zu bleiben und aus jedem Fehlversuch zu lernen.

DIE LÖSUNG DER WELT PRÄSENTIEREN. Lass alle an deiner Erfindung teilhaben und reiche sie bei einem Wettbewerb oder einer Wissenschaftsmesse ein. Wer weiß, was die Zukunft für deine Erfindung noch bereithält?

Frag: »Was wäre, wenn?« Zukunfts-Tüftler sind neugierig und stellen jede Menge Fragen.

Gestalte dein Zimmer um. Pack alles weg, was deine Aufmerksamkeit ablenken könnte, und umgib dich stattdessen mit Dingen, die dich inspirieren – vielleicht mit einer Traumcollage oder Motto auf einem Poster. Streich eine Wand in einer anderen Farbe. Tu, was auch immer deine Kreativität beflügelt!

Führ ein Ideentagebuch. Leg dir ein Notizheft oder ein Dokument im Computer für noch unsortierte Ideen an, selbst wenn sie dir eher halbgar oder unmöglich erscheinen. Solche Einfälle sind manchmal die allerbesten!

ZU. VIEL. KRAM!

Du brauchst kein Genie zu sein, um zu erkennen, dass sich da draußen jede Menge Müll türmt. Unsere Deponien und Recyclinghöfe quellen über davon. Und vieles von dem, was wir wegwerfen, schafft es nicht einmal bis dorthin: Denk nur an den Abfall im Rinnstein oder Vögel mit Plastiktüten im Magen.

Irgendwann haben wir angefangen, Ressourcen zu verschwenden und Krempel zu kaufen, den wir eigentlich nicht benötigen ... bloß, um ihn innerhalb kürzester Zeit wieder zu entsorgen. Wir haben eine Wegwerfgesellschaft erschaffen. Doch was auf den Müll wandert, löst sich nicht einfach in Luft auf. Der Abfallberg WÄCHST und WÄCHST und WÄCHST. Und tötet Wildtiere und zerstört unseren wunderschönen Planeten.

Aktivisten in aller Welt versuchen, die Leute dazu zu bringen, weniger Müll zu produzieren und besser mit dem zu haushalten, was sie bereits besitzen. Wenn du aus diesem Kapitel nur eines mitnimmst, dann bitte das:

> **Erfolg und Glück im Leben messen sich NICHT daran, wie viel Eigentum du hast.**

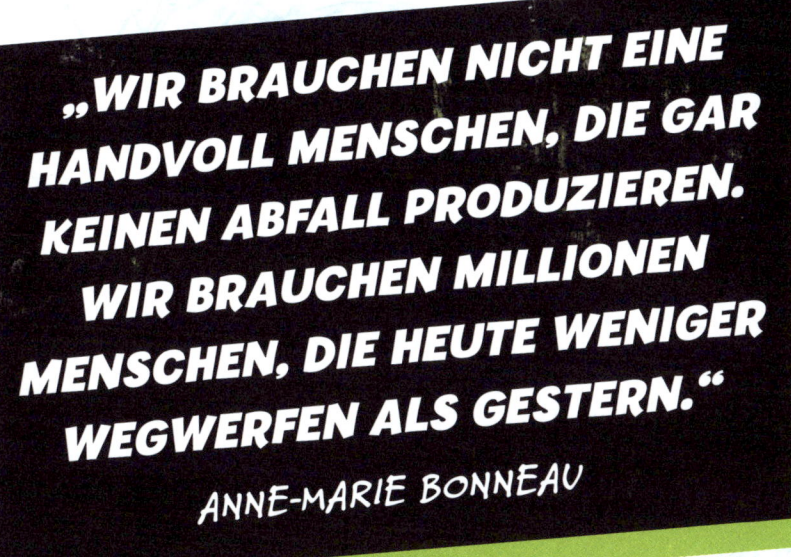

„WIR BRAUCHEN NICHT EINE HANDVOLL MENSCHEN, DIE GAR KEINEN ABFALL PRODUZIEREN. WIR BRAUCHEN MILLIONEN MENSCHEN, DIE HEUTE WENIGER WEGWERFEN ALS GESTERN."

ANNE-MARIE BONNEAU

Manche Kulturen haben es bereits kapiert – im Schwedischen gibt es sogar ein Wort dafür: *lagom*. Das bedeutet »alles in Maßen« oder »nicht zu viel und nicht zu wenig«. Die Leute dort bemühen sich, anderen etwas übrigzulassen und selbst nicht mehr zu nehmen, als sie wirklich brauchen.

Ein weiteres gutes Beispiel für eine solche Einstellung bietet Marie Kondo. Sie hat ein sehr erfolgreiches Buch geschrieben, das die Menschen dazu auffordert, ihren kompletten Besitz einmal genau unter die Lupe zu nehmen. Ihre Empfehlung lautet, weniger Plunder anzusammeln, indem man nur die Dinge behält, die einem Freude bereiten. Diese simple Philosophie hat bereits das Leben von Millionen Menschen verändert.

Deine Entscheidungen wirken sich tagtäglich auf unseren Planeten aus. Mach es dir also zum Ziel, das Richtige zu tun, und sei damit ein Vorbild für andere!

KIDS LEGEN LOS

RYAN HICKMAN

Geboren: 2011 **Heimat:** USA
Aktion: hat »Ryan's Recycling Company« gegründet

> »ICH FINDE ES RICHTIG COOL, DASS ICH ETWAS IN DER WELT VERÄNDERN KANN, INDEM ICH MEINE LEIDENSCHAFT FÜRS RECYCELN AUSLEBE.«

Wofür sein Herz brennt, entdeckte Ryan im Alter von drei Jahren, als er zusammen mit seinem Dad eine Müllwiederaufbereitungsanlage in der Nähe seines Zuhauses besuchte. Am nächsten Tag verkündete er, dass er sein eigenes Unternehmen gründen wolle: Er würde von nun an die Dosen und Flaschen sämtlicher Anwohner seines Viertels einsammeln.

Mit sieben Jahren war er tatsächlich bereits Boss seiner eigenen Firma, die mittlerweile beinahe 500 000 Dosen und Flaschen recycelt hat. Ryans Bemühungen, dafür zu sorgen, dass weniger Abfall auf Mülldeponien und im Meer landet, haben ihm bereits viele Auszeichnungen eingebracht – und auch Tausende von Dollar, mit denen er später sein Studium finanzieren kann. Die Einnahmen, die er durch T-Shirt-Verkäufe über seine Webseite erzielt, spendet er einer ortsansässigen Organisation, die sich dem Schutz von Meeressäugern verschrieben hat.

MADDISON MCQUEEN-DAVIES

Geboren: 2002 **Heimat:** Neuseeland
Aktion: hat »Share a Pair NZ« auf die Beine gestellt

> »ZU SEHEN, WIE VIEL NOT AUF DER WELT HERRSCHT, MACHT EINEN WIRKLICH DEMÜTIG.«

Maddison war schockiert, als ihre Mutter ihr erzählte, dass einige Kinder an der Schule, an der sie arbeitete, oft mit völlig abgetragenen Schuhen herumliefen. Das Schuljahr war beinahe zu Ende, und Madison wurde klar, dass zahlreiche Schüler über die Ferien aus ihren Schuhen herauswachsen oder sie nicht mehr brauchen würden, weil sie ihren Abschluss bereits in der Tasche hatten. Ein Aha-Erlebnis! Und die Inspiration zu »Share a Pair NZ«.

Maddison hängte an ihrer eigenen Schule Zettel auf und bat darum, dass Mitschüler ihre alten, noch gut erhaltenen Schuhe spendeten. Außerdem richtete sie eine Facebookseite ein, um ihre Idee zu verbreiten. Dank Maddison sind inzwischen Tausende Paare von Halbschuhen und Turnschuhen an Kinder in Not gespendet worden, und auch Flüchtlingsfamilien haben auf diese Weise neues Schuhwerk bekommen. 2019 wurde sie für ihre Arbeit mit dem »Diana Award« ausgezeichnet.

STORM DELANEY

Geboren: 2002   **Heimat:** Australien
Aktion: designt schicke, umweltbewusste Mode

»AUS ALLEM GEBRAUCHTEN LÄSST SICH NOCH ETWAS SCHÖNES MACHEN. WIR MÜSSEN ES NICHT WEGWERFEN.«

Als Teen Model und Designerin ist Mode Storms Leidenschaft. Mit atemberaubenden selbst entworfenen Kreationen aus Materialien, die eigentlich für die Müllhalde bestimmt waren, hat sie sich bereits einen Namen gemacht. Ihre experimentellen Upcycling-Designs verkünden zudem eine klare Botschaft im Hinblick auf unsere Umwelt.

Eines ihrer Lieblingsstücke sah aus wie ein schimmernder Anzug aus einem fernen Land mit silbrigem und schwarzem Leder. Tatsächlich bestand er aber aus Tausenden metallener Aufreißlaschen von Getränkedosen, die wiederum mit Drahtklammern für Maschendrahtzäune zusammengehalten wurden! Aus 20 weiteren Laschen fertigte sie eine dazu passende Halskette. Das gesamte Outfit kostete nahezu nichts, wirkte aber wie teure Designer-Mode. Für Storm, die die Natur über alles liebt, ist ihre umweltfreundlich designte Mode auch ein Zeichen des Protests gegen »Fast Fashion« – billig produzierte Trendklamotten, die unserem Planeten enorm schaden.

NIKITA SHULGA UND SOPHIA-KHRYSTYNA BORYSIUK

Geboren: 2006   **Heimat:** Ukraine
Aktion: haben »Compola« mitbegründet

»WIR SOLLTEN DIESE PROBLEME LÖSEN, STATT WEGZUSEHEN ... DENN WENN WIR ES NICHT TUN, VERÄNDERT SICH NICHTS.«

Nikita und Sophia-Khrystyna waren entsetzt darüber, wie viel Essen in ihrer Schulkantine weggeworfen wurde. Sie wussten, dass sich aus den Resten ganz leicht Kompost machen ließe. Diese Verwendung wäre für ihr Land ein gewaltiger Fortschritt, denn in der Ukraine wachsen die Müllberge nahezu in den Himmel und nur sehr wenig wird recycelt.

Die beiden Jugendlichen boten an, einen Kompost für ihre Schule anzulegen. Die Schule stimmte zu, allerdings nur, wenn die beiden selbst eine Möglichkeit zur Finanzierung fänden. Mit einer Crowdfunding-Kampagne gelang es ihnen! Sie tauften ihr Projekt »Compola« und brachten ihren Mitschülern bei, wie sie den Abfall sortieren und recyceln konnten. Sie starteten sogar einen Recycling-Wettbewerb mit 200 anderen Schulen. Ihr großes Ziel ist es, dass alle 18000 Schulen in der Ukraine eines Tages ihre Essensabfälle kompostieren.

SECHS REGELN FÜRS RECYCELN

01 **ABLEHNEN.** Ist dir schon mal aufgefallen, wie viel Krempel die Leute dir ständig andrehen wollen? Hier einen Flyer auf der Straße, da eine kostenlose Produktprobe im Geschäft und dann noch die bunte Tüte beim Geburtstag? Beim nächsten Mal, sag einfach: »Nein, danke!«

02 **WIEDERVERWENDEN.** Vermeide Einwegartikel und entscheide dich stattdessen für Dinge, die du wieder und wieder benutzen kannst, zum Beispiel Wasserflaschen aus Edelstahl statt dünnem Plastik.

03 **REDUZIEREN.** Wie viel von dem, was du besitzt, benutzt oder magst du tatsächlich? Alles, was nicht in diese Kategorie fällt, muss ausziehen, um jemand anderen glücklich zu machen. Spende die Sachen an eine Wohltätigkeitsorganisation oder verschenk sie in deinem Freundeskreis oder der Familie. Wenn du weniger hast, sieht auch dein Zimmer gleich ordentlicher aus (was bei deinen Eltern garantiert gut ankommt).

04 **RECYCELN.** Beim Recycling werden Materialien wie Plastik, Papier, Metall oder Glas ganz klein zermahlen, um so wieder zu neuen Produkten geformt werden zu können. Das ist zwar besser, als die Dinge einfach wegzuschmeißen, sollte aber trotzdem die letzte Option bleiben. Wieso? Vieles, was sich recyceln ließe, landet am Ende doch auf der Müllkippe oder im Meer. (Tonnen davon, buchstäblich.) Recycling gibt uns das Gefühl, etwas Gutes zu tun, doch noch viel besser ist es, von vornherein KEINEN Abfall zu produzieren!

05 **REPARIEREN.** Fabriken stoßen bei der Herstellung neuer Produkte CO_2 aus – statt also neue Dinge zu kaufen, reparier deinen alten Kram, flick deine Klamotten oder tausch sie mit Freunden. Mehr als ein bisschen Fantasie brauchst du nicht, um dich in einen müllbekriegenden, schatzhebenden Superstar zu verwandeln!

06 **KOMPOSTIEREN.** Lass organische Abfälle (wie Essensreste) auf dem Komposthaufen vergammeln. Wenn Du Lebensmittelabfälle einfach zum normalen Hausmüll wirfst, setzen sie beim Zerfallen schädliche Methangase frei. Indem du sie kompostierst, treten weniger Gase aus und du bekommst zudem großartigen Pflanzendünger gratis.

WERDE ZUM ZERO-WASTE-HELDEN

Ein »Zero Waster« ist jemand, der es sich ernsthaft darum bemüht, mit weniger Besitz im Leben auszukommen. Das Ziel besteht darin, so wenig Müll wie möglich zu produzieren. Zero Waster tragen Second-Hand-Klamotten, weigern sich, Plastik zu kaufen, und bringen stattdessen ihre eigenen Taschen, Behälter und Gläser in die Läden mit. Sie benutzen Shampoo und Seife am Stück, kaufen Lebensmittel, die kurz vor dem Verfallsdatum oder Verderben stehen, stellen Dinge selbst her und kompostieren ihre Essensreste.

Manche Zero Waster sind dabei so ehrgeizig, dass ihr kompletter Müll eines vollen Jahres in ein einziges Einmachglas passt! Das schafft nicht jeder, und definitiv nicht über Nacht. Nimm dir fürs Erste einfach vor, wenig – statt gar keinen – Müll zu produzieren. Konzentrier dich auf eine kleine Veränderung pro Tag, dann summieren sich all diese Veränderungen am Ende zu einem beträchtlichen Unterschied. Hier ein paar Anregungen:

LASS ES LOS!

Spende Dinge, die du nicht mehr brauchst, oder schließ dich der stetig wachsenden Sharing-Community an, indem du Klamotten mit deinen Freunden tauschst und teilst, statt welche zu kaufen.

LEG HAND AN.

Schrott in Schätze zu verwandeln, ist eine fantastische Strategie, deine Kreativität auszuleben. Online findest du tonnenweise geniale Ideen.

SECOND-HAND IST SCHICK.

Kauf Klamotten aus zweiter Hand, entweder im Internet oder im Laden, statt dir etwas Neues zu leisten. So hilfst du dabei, Ressourcen zu sparen – und Vintagekleidung ist oft von besserer Qualität und zudem wirklich einzigartig.

VERGISS »FAST FASHION«.
Billige Klamotten verlieren schnell ihren Schnäppchen-Faktor, wenn du ständig neue brauchst.

GIB DEIN GELD FÜR ERLEBNISSE AUS – NICHT FÜR KRAM.
Es ist viel besser und schöner, Erinnerungen zu sammeln, als Krempel anzuhäufen.

PFEIF AUF DIE HOLZGABELN.
Eine Art von Einwegverpackung gegen eine andere auszutauschen, ist NICHT umweltfreundlich. Und es ist schlicht falsch, Wälder zu roden, um daraus Dinge herzustellen, die dann bloß ein paar Minuten lang benutzt werden. Viel besser wäre es, auf Wiederverwendbares umzusteigen – zum Beispiel Metallbesteck, richtige Tassen und Lebensmittel aus dem Unverpacktladen, abgefüllt in eigene Behälter.

STÜRZ DICH INS KREATIVE UPCYCLING-ABENTEUER.
Upcycling bedeutet, alte und aussortierte Gegenstände zu etwas Nützlichem und sogar Schönem umzugestalten. Mach es wie Oskar aus der Sesamstraße: In seiner Tonne landet zwar, was andere Leute wegwerfen, doch für ihn sind es Schätze …

KREATIV
FÜR DEN
GUTEN
ZWECK

Als Aktivist hast du unzählige Möglichkeiten, dir deine kreativen Talente zunutze zu machen. Du kannst eine Botschaft per Song oder Foto verbreiten oder mit einem Brief oder einer Rede jemanden dazu motivieren, sich dir anzuschließen. Zieh die Aufmerksamkeit der Leute mit einem Kunstwerk auf dich oder teile Geschichten mit der Welt, indem du sie live vorträgst oder ein Video drehst.

Nur, wenn Menschen emotional berührt werden, ändert sich etwas. Das kann in Form von Wut, Frust und Angst passieren – oder aber durch Liebe, Mitgefühl und Hoffnung. Kreativer Aktivismus vermag beide Arten von Gefühlen zu wecken.

Wenn die Leute über »kreative Künste« reden, dann waren damit früher Ausdrucksformen gemeint wie:

BILDENDE KUNST | THEATER | LITERATUR | TANZ | MUSIK

Heute gibt es noch Hunderte (oder Tausende?) weiterer Möglichkeiten, seine Kreativität auszuleben:

BLOGS | SELBSTGEDREHTE VIDEOS | INSTAGRAM-FOTOS | STREET-ART (ZUM BEISPIEL WANDMALEREIEN ODER GRAFFITIS) | KUNSTHANDWERK | RAPMUSIK | SELBSTDESIGNTE MODE | ANIME | PROGRAMMIEREN (JA, ECHT!) | GUERILLA-STRICKEN (EINFACH MAL GOOGLEN!) | KOCHEN | SCHMUCKHERSTELLUNG | BACKEN

Die Liste ließe sich noch sehr lange fortsetzen, aber der Platz auf dieser Seite ist nun einmal begrenzt!

Beim Kreativsein geht es immer darum, sich selbst auszudrücken, bei anderen Gefühle zu erregen oder sie zum Nachdenken zu bringen. Und das Beste? Du musst weder besonders gut malen noch singen können und auch nicht in der Theater-AG deiner Schule mitmachen. **Wir ALLE sind kreativ, jeder auf seine Weise.** Kreativ zu sein gehört zu den Fähigkeiten, die uns als Menschen ausmachen. Wir werden mit einer natürlichen Neugier und grenzenlosen Fantasie geboren. Beides hilft uns dabei, Lösungen zu finden, Dinge zu wagen und uns unseren Ängsten mutig entgegenzustellen.

Seit Jahrhunderten schon sind die Künste eine Form der Kommunikation. Und ganz egal, ob du »gut« darin bist: Auch du kannst in jedem Fall etwas erschaffen. Die beste Zeit dafür ist jetzt!

> „KREATIVITÄT VERBRAUCHT SICH NICHT. JE MEHR MAN SIE NUTZT, DESTO MEHR KOMMT DAVON NACH."
>
> MAYA ANGELOU

KIDS LEGEN LOS

> »FRUST IST TREIBSTOFF, DER DIE ENTWICKLUNG EINER NEUARTIGEN UND NÜTZLICHEN IDEE BEFEUERN KANN.«

MARLEY DIAS

Geboren: 2005   **Heimat:** USA
Aktion: hat die Kampagne »#1000BlackGirlBooks« ins Leben gerufen

Marley liebt Bücher. Mit elf Jahren schmökerte sie einen Stapel nach dem anderen durch. Allerdings hatte sie von den Büchern, die sie im Schulunterricht lesen sollte, bald die Nase voll: Immer schien es darin bloß um weiße Jungen und ihre Hunde zu gehen. Als Marley nach Büchern mit Mädchen nicht-weißer Hautfarbe in der Hauptrolle suchte, musste sie fassungslos feststellen, dass es erschreckend wenige davon gab. Was sollte DAS denn?

Ihr war klar, dass sie unmöglich die Einzige sein konnte, die das frustrierte. Also entschloss sie sich, 1000 Bücher über schwarze Mädchen zu sammeln und sie anderen schwarzen Mädchen wie sie selbst zu schenken. Insgesamt trug sie mehr als 9000 Bücher zusammen! Und dann fing sie an, ihr eigenes Buch zu schreiben – *Marley Dias Gets It Done* (also etwa »Marley Dias packt es an«) – mit dem Ziel, weitere Kids ebenfalls dazu zu motivieren, sich als Weltveränderer zu engagieren.

SOFFIA CORREIA

> »ICH WOLLTE ANDEREN SCHWARZEN KIDS DIE AUGEN DAFÜR ÖFFNEN, DASS SIE STOLZ DARAUF SEIN SOLLTEN, GENAU SO ZU SEIN, WIE SIE SIND.«

Geboren: 2004   **Heimat:** Brasilien
Aktion: macht sich mit Rapmusik für Mädchen stark

Soffia ist Rapperin und tritt unter dem Künstlernamen MC Soffia auf. Im Alter von nur sechs Jahren fing sie an, als DJane aufzulegen, zu rappen, Breakdance zu lernen und Street-Art zu gestalten. Ein paar Jahre später hänselte eine Mitschülerin sie wegen ihrer Hautfarbe. Das Mädchen meinte, Soffia wäre derart schwarz, dass sie wohl in einen Farbtopf gefallen sein müsste. Das verletzte Soffia so sehr, dass sie einen Song darüber schrieb.

Dieser Song und zahlreiche weitere ermutigen farbige Mädchen und Frauen dazu, stolz auf ihre Haut zu sein. Einer von Soffias populärsten Songs dreht sich um berühmte schwarze Brasilianerinnen. Ein anderer – »Barbie Black« – unterstreicht, dass man nicht groß, dünn und blond sein muss, um schön zu sein. Inzwischen ist Soffia einer der erfolgreichsten Hip-Hop-Stars ihres Landes – sie hatte sogar einen Auftritt bei der Eröffnungsfeier der Olympischen Spiele 2016 in Rio de Janeiro.

DAVID WICKER

Geboren: 2005　　**Heimat:** Italien
Aktion: koordiniert die Kommunikation bei Schülerstreiks

Programmieren am Computer wirkt auf den ersten Blick vielleicht nicht sonderlich kreativ – aber das ist es, definitiv. Denn auch hierbei dreht sich alles um das Lösen von Problemen durch ungewöhnliche Denkansätze. Auf diese Weise bringt David sich bei der #FridaysForFuture-Bewegung ein. Ihm war aufgefallen, dass die Organisatoren der Schülerstreiks über viele verschiedene Kanäle zu ihren Demonstrationen aufriefen: Sie verschickten Nachrichten über Messenger und WhatsApp und posteten bei Facebook sowie auf anderen Social-Media-Plattformen. David fand, dass es besser wäre, wenn alle lediglich eine einzige Seite nutzen würden.

All die verschiedenen Aufrufe zu sammeln und gebündelt auf eine Plattform zu bringen, hält David ordentlich auf Trab; dennoch beteiligt er sich wöchentlich auch selbst an den Schulstreiks. In Italien demonstrieren so viele Jugendliche wie nie zuvor, nachdem der Bildungsminister die Schulen dazu aufgerufen hat, ihre Schüler an den Klimaprotesten teilnehmen zu lassen. Bravo!

RAHUL UND ROHAN RAJU

Geboren: 2003 und 2005　　**Heimat:** Vereinigte Arabische Emirate
Aktion: gestalten Kunst rund um bedrohte Arten

Die Not bedrohter Arten hat Rahuls und Rohans Kampagne zur Rettung von Wildtieren inspiriert: Sie wollen mithilfe ihrer Kunst wilde Tiere retten, indem sie auf das Problem der Wilderei aufmerksam machen. Schon als kleine Jungen fingen die Brüder an zu malen, nachdem sie ihrer Mum – einer autodidaktischen Künstlerin – zugesehen hatten. Beide haben sich auf Porträts von Elefanten, Nashörnern, Tigern und anderen gefährdeten Tierarten spezialisiert.

Viele ihrer Gemälde spenden sie an Tierschutzorganisationen, um so Geld für deren Arterhaltungsprogramme aufzubringen. Andere werden von privaten Sammlern gekauft, die die Mission der Brüder unterstützen – darunter sogar ein Mitglied der königlichen Familie der Vereinigten Arabischen Emirate! Rahul und Rohan sind im Laufe der Jahre bereits mit mehreren Preisen ausgezeichnet worden, unter anderem mit dem »Diana Award«.

KREATIVITÄTS-BOOSTER

Kreativität ist einerseits etwas, das wir alle in einem gewissen Maß besitzen – zugleich aber auch eine Fähigkeit, die sich schulen lässt. Tatsächlich meinen manche Leute, dass sich Kreativität aus lediglich 10 Prozent Talent und 90 Prozent harter Arbeit zusammensetzt. Also: Krempel die Ärmel hoch und pack's an! Hier kommen ein paar ultimative Tipps, die deiner schöpferischen Kraft auf die Sprünge helfen:

1. **Sei neugierig auf alles.** Kreative Menschen lieben es, Neues zu entdecken, und halten stets die Augen nach möglichen Lösungen oder Inspiration offen. Schau über den Tellerrand!

2. **Sieh Missgeschicke positiv.** Erfindungen wie Penicillin, die Springspirale oder auch Kaugummi sind allesamt quasi aus Versehen entstanden.

3. **Spiel und träume.** Beim Spiel wandern deine Gedanken in alle Richtungen und deiner Fantasie sind keine Grenzen gesetzt.

4. **Stell dir den Erfolg bildlich vor.** Mal dir aus, wie du dein Ziel erreichst – und alle Schritte, die dich dorthingeführt haben. Dann marschiere los und versuche, es genau so umzusetzen.

5. **Lass etwas unerledigt.** Wenn du dir abends eine noch nicht ganz fertige Aufgabe übrig lässt, fällt dir der Wiedereinstieg am nächsten Tag oft leichter.

6. **Probier etwas Neues aus.** Hula-Hoop-Tanz, Jonglieren, Schnitzen, Bogenschießen – ganz egal, was auch immer. So bringst du deine Kreativität ordentlich in Schwung.

7. **Verbring Zeit mit Leuten, die anders sind als du.** Immer nur mit Kids zusammen zu sein, die aussehen, denken und handeln wie du, wird dich niemals W-A-C-H-S-E-N lassen. Versuch, mit Menschen in Kontakt zu kommen, die Dinge auf unterschiedliche Weise tun und betrachten.

8. **Zeichne etwas.** Sogar, wenn du findest, du kannst überhaupt nicht zeichnen. Du musst es niemandem zeigen, solange du nicht willst. Oder tob dich mit Kreide auf dem Gehsteig aus!

9. **Bastele eine Traumcollage.** Schnapp dir einen Stapel Zeitschriften und reiß alle Seiten heraus, an denen dein Auge hängenbleibt. Kleb ein paar Bilder auf eine Pappe und häng sie so auf, dass dein Blick oft daraufällt.

10. Gestalte etwas mit deinen Händen. LEGO, Modelliermasse, Zaubersand und Schleim sind allesamt großartige Materialien, um damit herumzuspielen und die eigene Kreativität zu entfachen. Und zum Stressabbau taugen sie auch hervorragend!

11. Schreib einen Song und nimm ihn auf. Dann poste das Video auf YouTube. Falls du dich für Feedback noch nicht bereit fühlst, kannst du jederzeit einfach die Kommentarfunktion deaktivieren. (Denk daran: Um dich auf YouTube anzumelden, musst du mindestens 13 Jahre alt sein.)

12. Mach Fotos und lege damit ein Album an.

13. Träum in den Tag hinein und lass deine Gedanken schweifen, wohin sie wollen.

14. Zieh die Stecker. Nimm dir eine Auszeit von den sozialen Netzwerken, vom Fernsehen, von Computer und Co. Die amerikanische Schriftstellerin Anne Lamott hat es so ausgedrückt: »Fast alles funktioniert wieder besser, wenn man es für ein paar Minuten vom Strom trennt. Du eingeschlossen.«

15. Doodel. Doodeln – also einfach ein wenig gedankenverloren Herumkritzeln – ist eine der simpelsten und wirkungsvollsten Strategien, um deine Kreativität zu befeuern. Allerdings bitte nicht im Unterricht!

16. Male und färbe. Etwas Künstlerisches zu erschaffen, reduziert Stress und verbessert deine Konzentrations- und Denkfähigkeit. Sogar wer sich selbst keineswegs für einen Künstler hält, entdeckt dabei vielleicht, dass doch ein kleiner Picasso in ihm steckt!

17. Schreib. Einfach mal die Gedanken zu Papier zu bringen, kann die eigene Kreativität irrsinnig befeuern. Was du schreibst, ist dabei völlig nebensächlich. Falls der Anfang dir schwerfällt, stell einen Wecker auf 15 Minuten und notier einfach alles, was dir durch den Kopf geht.

18. Dreh einen Film. Mit dem Smartphone oder Tablet kann heutzutage jeder ganz leicht ein Video aufnehmen. Frag deine Eltern, ob sie dir ihr Gerät leihen, falls du noch kein eigenes besitzt.

19. Räum dein Zimmer auf. Es ist wissenschaftlich erwiesen, dass zu viel Durcheinander die Kreativität ausbremst, auch wenn manche Menschen das Gegenteil behaupten. Allerdings besteht ein Unterschied zwischen »kreativem Chaos« – bei dem du dich mit inspirierenden Dingen umgibst – und bloßer Schlampigkeit. Bonus: Dieser Tipp wird garantiert auch deine Eltern glücklich machen!

UNFAIR!

Wenn andere Kinder nicht mit dir reden oder spielen wollen, fühlt sich das richtig mies an. Oder wenn jemand einfach etwas über dich behauptet, ohne dich überhaupt wirklich zu kennen.

Leider passiert das allerdings recht häufig, und manchen Menschen sogar besonders oft. Einige Leute meinen, so etwas müsse man einfach akzeptieren. Sie zucken mit den Schultern und sagen: **»Tja, das Leben ist nun mal nicht fair.«**

Weißt du, was daran falsch ist? So ziemlich alles.

Es stimmt zwar, dass vieles im Leben weder gerecht noch gleich verteilt ist. Doch Achtung, da besteht ein Unterschied! *Gleich* bedeutet, dass die Bedingungen oder Mittel für alle einheitlich sind. *Gerecht* ist, wenn jeder genau das bekommt, was er für seinen persönlichen Erfolg braucht. Manchmal sind Dinge oder Voraussetzungen ungleich und trotzdem fair. Ein andermal sind sie ungleich – und zwar so, dass es **NICHT** fair ist. Oder richtig.

Wenn etwas ungerecht ist, sollten wir nicht einfach die Hände in den Schoß legen und tatenlos zusehen. Ganz egal, wie alt jemand ist: Jeder von uns ist jederzeit in der Lage, aufzustehen, **den Mund aufzumachen und das Richtige zu tun.**

Weltveränderer, die sich für Gleichberechtigung einsetzen, wollen, dass gewisse Rechte für alle gleichermaßen gelten. Sie kämpfen gegen Diskriminierung – also dagegen, dass jemand wegen seiner Herkunft, seines Alters, Geschlechts oder einer Behinderung anders oder unfair behandelt wird. Außerdem ziehen sie gegen Vorurteile ins Feld – zum Beispiel negative Auffassungen und Meinungen über etwas oder jemanden, die bloß auf faulen Klischees und Vorstellungen statt auf Fakten beruhen. Ein Urteil über etwas zu fällen, wovon man eigentlich keine Ahnung hat, kann sehr riskant sein und großen Schaden anrichten.

Niemand sollte wegen seiner Herkunft, seines Geschlechts oder Selbstverständnisses, wegen seines Alters, seiner Religion oder seiner sexuellen Orientierung schlecht behandelt werden. Mag sein, dass wir alle verschieden aussehen, unterschiedlich denken, uns im Glauben unterscheiden, verschiedene Essensvorlieben haben, unterschiedliche Sprachen sprechen. Manche von uns sind reich, andere arm, einige jung, einige alt, und so weiter und so fort. Eines allerdings dürfen wir nie vergessen:

AM ENDE DES TAGES SIND WIR ALLE MENSCHEN.

Lasst uns unsere Unterschiede feiern, einander mit Respekt behandeln und jedem eine faire Chance im Leben geben. Genau das tun die Kids auf den folgenden Seiten, und du kannst es auch!

KIDS LEGEN LOS

DESMOND NAPOLES
Geboren: 2007   **Heimat:** USA
Aktion: macht sich für LGBTQ-Rechte stark

»SEI DU SELBST. IMMER.«

Desmond ist Dragkid, Schauspieler, Model und Aktivist und hat sich selbst den Künstlernamen »Desmond is Amazing« gegeben. »Drag« bedeutet, Klamotten des anderen Geschlechts zu tragen, und männliche Dragkünstler stylen sich oft mit auffälligen Perücken und schrillem Make-up. Mit sieben Jahren hatte Desmond seinen ersten Auftritt in einem Musikvideo, und seither gleicht sein Leben einem wilden Abenteuer: Er ist in Werbekampagnen und Zeitschriften wie *Vogue* zu sehen, wird in Fernsehsendungen eingeladen oder flaniert bei der New York Fashion Week über den Laufsteg!

Für Kids, die sich als schwul, lesbisch, bisexuell, transgender oder queer outen, kann das Leben ziemlich hart sein. Desmond will solchen jungen Menschen eine Stimme geben und ihnen – und allen anderen! – Inspiration sein und Mut machen, die Hater zu ignorieren und immerzu ihr Bestes zu geben.

BENJAMIN BENNETT
Geboren: 2004   **Heimat:** England
Aktion: gibt jungen Sinti und Roma eine Stimme

»KIDS DES ›FAHRENDEN VOLKES‹ ... HABEN DIE GLEICHEN HOFFNUNGEN UND TRÄUME WIE ALLE ANDEREN«

Seine eigene Kindheit in den Reihen der Sinti und Roma war für Ben eine echte Herausforderung – immer wieder wurde er wegen seiner Herkunft von anderen abschätzig behandelt oder sogar schikaniert. Die Sinti und Roma und andere Mitglieder des »fahrenden Volks« müssen sich ständig mit Vorurteilen herumschlagen; Ben arbeitet hart dafür, den Leuten eine neue Sichtweise aufzuzeigen und andere dazu zu inspirieren, gegen Rassismus Stellung zu beziehen.

Seine Rolle in der Fernsehserie *Gypsy Kids* hat schon bei vielen Menschen ein Umdenken bewirkt. Auch seine Interviews in verschiedenen Medien beinhalten starke Statements. In einer Fernsehshow hat er einmal gesagt, er träume davon, eines Tages Premierminister zu werden. Auf die Frage, ob er dann auch in der Downing Street 10, dem traditionellen Wohnsitz des Premiers, leben wolle, lautete seine Antwort: Klar, aber seinen Wohnwagen werde er mitbringen! Sein Kampf für Gleichberechtigung hat Ben bereits den »Diana Award« beschert.

ZULAIKHA PATEL

Geboren: 2002   **Heimat:** Südafrika
Aktion: hat die Regeln ihrer Schule kritisch hinterfragt

Zulaikha wurde angestarrt, gehänselt und sogar als Terroristin beschimpft. Wieso? Weil sie dunkelhäutig ist und kein Problem damit hat, ihre Haarpracht ganz natürlich im Afrolook zu tragen. Sämtliche Lehrer an ihrer Mädchen-Highschool missbilligten dieses Styling, da sie meinten, ihr Haar sei zu ungepflegt oder »exotisch«. Zulaikha dagegen empfand die Forderung, sie solle ihre Haare bändigen, beinahe so, als hätte man von ihr verlangt, ihre Hautfarbe zu verleugnen.

Im Alter von 13 Jahren startete sie ihren friedlichen Protest in der Schule. Sicherheitspersonal wurde gerufen und Zulaikha beinahe verhaftet. Die Geschichte machte Schlagzeilen und entfachte weltweit Wut und Ärger. In New York gestaltete ein Künstler ein riesiges Wandbild, das Zulaikha mit erhobener Faust zeigt; ihr Haar steht ihr wie ein Heiligenschein um den Kopf. Schließlich wurden die Regeln an ihrer Schule geändert, und inzwischen dürfen alle Schüler ihre Haare so tragen, wie es ihnen gefällt.

SOPHIE CRUZ

Geboren: 2010   **Heimat:** USA
Aktion: setzt sich für Einwandererfamilien ein

Als Sophie fünf Jahre alt war, besuchte der Papst die USA. Sie drängte sich durch die Menge, um ihm einen Brief zu übergeben, den sie mit Wachsmalstiften geschrieben hatte. Darin stand auf Spanisch: »Meine Freunde und ich lieben uns, ganz egal, wer welche Hautfarbe hat.« Sophie umarmte den Papst und bat ihn, mit den Politikern über die Einwanderungsgesetze zu reden. Genau das tat er am folgenden Tag.

Diese Geschichte schaffte es in die Nachrichten, weil Sophie die Tochter illegaler Einwanderer ist. Ihre Eltern waren in der Hoffnung auf ein besseres Leben in die USA gekommen, hatten jedoch keine Aufenthaltserlaubnis. Sophie fürchtete, dass ihre Eltern ohne sie zurück nach Mexiko geschickt werden könnten. Ihre mutigen Worte brachten ihr eine Einladung ins Weiße Haus ein, und in der Folge wurde sie mit weiteren Ehrungen und Auszeichnungen bedacht. Inzwischen gibt es sogar einen Kurzfilm über ihr Leben als Aktivistin. Nicht schlecht für jemanden, der noch so jung ist wie Sophie!

DAS AUGEN-FARBEN-EXPERI-MENT

Bereits seit Jahrhunderten sehen sich Menschen mit rassistischen Vorurteilen konfrontiert – das bedeutet, dass andere sich aufgrund ihrer Kultur oder Hautfarbe eine Meinung über sie bilden, ohne sie zu kennen.

In den 1950er-Jahren kam in den USA die Bürgerrechtsbewegung auf, mit dem Ziel, der Rassendiskriminierung ein Ende zu setzen und dafür zu sorgen, dass schwarze Amerikaner dieselben Rechte bekämen wie weiße. Im Frühjahr 1968 wurde einer der Anführer der Kampagne, Dr. Martin Luther King Jr., erschossen. Am folgenden Tag beschloss eine Lehrerin in einer amerikanischen Kleinstadt, mit ihren jungen Schülern – allesamt weiß – ein Experiment zu starten.

> »WAS GLAUBT IHR, WIE WÜRDE ES SICH ANFÜHLEN, EIN SCHWARZER JUNGE ODER EIN SCHWARZES MÄDCHEN ZU SEIN?«, FRAGTE SIE DIE KLASSE. „DAS LÄSST SICH SCHWER NACHEMPFINDEN, WENN IHR VORURTEILE ODER DISKRIMINIERUNG NOCH NIE AM EIGENEN LEIB ERFAHREN HABT.«

Die Lehrerin trennte die blauäugigen Schüler von den braunäugigen. Dann erzählte sie allen, dass Menschen mit braunen Augen schlauer wären. Sie ließ die braunäugigen Schüler zuerst zu Mittag essen und erlaubte ihnen eine längere Pause. Außerdem durften nur die braunäugigen Kinder aus dem Trinkbrunnen trinken. Die Stimmung im Klassenraum änderte sich drastisch: Die Schüler mit braunen Augen wurden selbstbewusster, verhielten sich allerdings auch gemeiner, und sie sagten hässliche Dinge zu den blauäugigen Kindern. Die blauäugigen Kids wiederum machten mit einem Mal mehr Fehler und wirkten eingeschüchtert und traurig. Die beiden Gruppen spielten nicht mehr miteinander, und immer öfter kam es zu Auseinandersetzungen.

Am nächsten Tag drehte die Lehrerin den Spieß um – nun behauptete sie, die Schüler mit blauen Augen wären cleverer. Sie aßen als Erste zu Mittag, bekamen längere Pausen und durften sich am Trinkbrunnen bedienen. Etwas jedoch war anders: Die blauäugigen Kinder waren nicht so fies wie zuvor die braunäugigen. Wieso nicht? Auf diese Frage hin antworteten die blauäugigen Kids, dass sie selbst es schrecklich gefunden hatten, so ausgegrenzt zu werden. Und sie wollten nicht, dass irgendjemand sich ihretwegen so fühlen musste. **Nie.**

Mehr als 50 Jahre später wird dieses Experiment noch immer heiß diskutiert. Es hat den Blick vieler Menschen auf Vorurteile und Rassismus verändert und sie dazu inspiriert, den Mund aufzumachen, wenn sie etwas hören oder sehen, das nicht fair ist. Bestimmt wirst **DU** das nun auch tun!

HELDEN GEGEN HUNGER

Wie oft hast du schon zu deiner Mutter gesagt: »Mama, ich *verhungere*!«? (Keine Sorge, damit bist du nicht allein.) Aber hin und wieder Heißhunger oder unstillbare Lust auf Süßes zu bekommen, ist von echtem Hunger weit entfernt. Von einer Art Hunger nämlich, die daher rührt, dass man über lange, lange, lange Zeit nicht genügend zu essen hatte. Leider leiden unter solchem Hunger sehr viele Menschen auf der Welt. Sogar in sogenannten »reichen« Ländern.

Ohne ausreichend Nahrung fehlt einem die Energie, um aktiv zu sein oder zu arbeiten oder im Unterricht aufzupassen. Extremer Hunger kann außerdem zu bleibenden körperlichen Schäden führen – wie Blindheit, die durch einen Mangel an Vitamin A verursacht wird. Millionen und Abermillionen von Menschen sterben überdies alljährlich an Hunger.

Weltweit leidet genau jetzt, in diesem Moment, etwa jeder neunte Mensch an Hunger. Daraus ergibt sich eine absolut schwindelerregende Anzahl, und diese Zahl wird aus den unterschiedlichsten Gründen – darunter Armut, Krieg und Naturkatastrophen – beständig größer.

Eine weitere bedeutsame Ursache für den Hunger auf der Welt ist der Klimawandel: Je mehr die Erde sich aufheizt, desto heftiger spielt unser Wetter verrückt, und es kommt zu Stürmen, Dürren und Überflutungen. All diese Faktoren wirken sich massiv auf die Nahrungsmittelproduktion aus.

»WENN DU NICHT HUNDERT MENSCHEN SATT MACHEN KANNST, DANN WENIGSTENS EINEN.«
MUTTER TERESA

Weißt du, was so richtig absurd ist? Manche Leute auf der Erde – darunter auch etliche in Deutschland – haben zu wenig zu essen, während andere so viel haben, dass sie sogar übergewichtig werden. Ebenso unglaublich: Unser Planet bringt mehr als genug Lebensmittel hervor, um alle zu ernähren. Doch ein Drittel davon wird jedes Jahr einfach so weggeworfen.

Und was können junge Weltveränderer gegen den Hunger in der Welt unternehmen? Manche organisieren Schulprojekte und sammeln zum Beispiel Spenden für die örtliche Tafel. Einige bringen Essen direkt zu denen, die darauf angewiesen sind. Und wieder andere rufen dazu auf, unsere Ernährungsgewohnheiten komplett zu ändern, damit für alle ausreichend Nahrung übrig bleibt.

Blättere weiter, um von vier Kids zu erfahren, die auf ganz eigene, bewundernswerte Weise zur Tat geschritten sind!

KIDS LEGEN LOS

WILL MOORHOUSE

Geboren: 2007 **Heimat:** Australien
Aktion: hat in seiner Schule einen Frühstücksclub eingerichtet

Will war schockiert, als er erfuhr, dass etliche seiner Mitschüler morgens mit leerem Magen zum Unterricht kamen. Will ahnte, dass es ihnen in diesem Zustand schwerfallen musste, sich zu konzentrieren, und er hatte eine Idee: Er wollte einen Frühstücksclub gründen, der jeden Donnerstag für alle bedürftigen Schüler eine kostenlose Mahlzeit anbieten sollte. Eine ortsansässige Stiftung spendet nun die Lebensmittel, und andere Schüler kümmern sich um die Zubereitung und Ausgabe.

Der Club belegt außerdem Sandwiches für sämtliche Kids, die vielleicht noch etwas Zusätzliches zu essen brauchen. Sie werden »unter der Hand« ausgegeben, damit niemand sich schämen oder das Gefühl haben muss, bloßgestellt zu werden. Der Frühstücksclub ist inzwischen zu einem wöchentlichen Event geworden, und die Schüler, die freiwillig mithelfen, profitieren ebenso viel davon wie jene, die in den Genuss der Mahlzeiten kommen.

CHIARA SACCHI

Geboren: 2002 **Heimat:** Argentinien
Aktion: setzt sich für regionale Lebensmittelproduktion ein

Chiara ist Teil der Slow-Food-Bewegung, die sich für Landwirte vor Ort, regionale Küche und das Essen in Gemeinschaft stark macht. Im Zentrum stehen saisonale, giftfreie Lebensmittel, die nicht nur gut für die Gesundheit sind, sondern auch für die Produzenten und unseren Planeten. Doch Chiaras Mission ist nicht immer leicht, da sie in einer Gegend lebt, die unter Wetterextremen wie glühend heißen Sommern und bitterkalten Wintern leidet.

Die Temperaturen überlasten das Elektrizitätsnetz, und die regelmäßigen Stromausfälle erschweren es Chiara, ihre Hausaufgaben zu erledigen. Auch die Stürme werden immer heftiger. Ein Unwetter riss das komplette Dach ihres Hauses herunter! 2019 hat Chiara gemeinsam mit 15 anderen jungen Aktivisten eine Beschwerde bei den UN eingereicht, da sie alle der Meinung sind, dass die Tatenlosigkeit im Hinblick auf den Klimawandel eine Verletzung der Kinderrechte darstellt.

SARAH UND CLAIRE JORDAN

Geboren: 2003 und 2006   **Heimat:** Kanada
Aktion: haben gemeinsam »Sarah & Claire's Food Drive« ins Leben gerufen

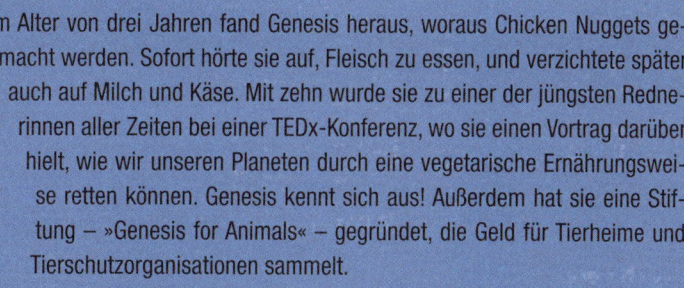

»EINZELNE STÄDTE KÖNNEN DEFINITIV EINEN UNTERSCHIED MACHEN. GEMEINDEN EBENSO ... ES GEHT DARUM, DEN MENSCHEN DIE AUGEN ZU ÖFFNEN.«

Als Sarah sechs Jahre alt war, meinte sie eines Abends beim Essen, sie sei satt, obwohl ihr Teller noch voll war. Ihre Mutter erinnerte sie daran, wie gut sie es habe, und nur Augenblicke später wurde im Radio ein Bericht über eine große Verteilaktion für Lebensmittel zu Thanksgiving gesendet. Sarah verkündete, dass sie ebenfalls helfen wolle, und begann wenig später, selbst kostenloses Essen auf Rädern anzubieten. Ihre Schwester Claire schloss sich ihr an, und so nannten die beiden ihr Projekt »Sarah & Claire's Food Drive«.

In den vergangenen elf Jahren haben die Schwestern zusammen mit fleißigen Unterstützern mehr als 500 000 Mahlzeiten an Bedürftige ausgegeben und mehr als 100 000 junge Leute in Toronto dazu inspiriert, sich ebenfalls in ihrer Gemeinde einzubringen. Sarah und Claire wurden beide 2019 mit dem »Diana Award« ausgezeichnet.

»INDEM DU DEINE ERNÄHRUNGSGEWOHN-HEITEN ÄNDERST, KANNST AUCH DU ZUR HEILUNG UNSERES PLANETEN BEITRAGEN.«

GENESIS BUTLER

Geboren: 2007   **Heimat:** USA
Aktion: hat »Genesis for Animals« gegründet

Im Alter von drei Jahren fand Genesis heraus, woraus Chicken Nuggets gemacht werden. Sofort hörte sie auf, Fleisch zu essen, und verzichtete später auch auf Milch und Käse. Mit zehn wurde sie zu einer der jüngsten Rednerinnen aller Zeiten bei einer TEDx-Konferenz, wo sie einen Vortrag darüber hielt, wie wir unseren Planeten durch eine vegetarische Ernährungsweise retten können. Genesis kennt sich aus! Außerdem hat sie eine Stiftung – »Genesis for Animals« – gegründet, die Geld für Tierheime und Tierschutzorganisationen sammelt.

2019 tat Genesis sich mit der Kampagne »Million Dollar Vegan« zusammen und forderte Papst Franziskus auf, sich während der Fastenzeit rein vegan zu ernähren! Sollte ihm das gelingen, würde eine Million Dollar an eine Hilfsorganisation seiner Wahl gespendet werden. Der Papst ging nicht darauf ein, sprach jedoch einen besonderen Segen für sie. In Genesis' Augen war die Aktion dennoch ein Erfolg, da sie viele andere zu einem Lebenswandel motiviert hat, für den keine Tiere leiden müssen.

SO KÄMPFST DU GEGEN UNGERECHTIGKEIT!

Falsches kann man am besten bekämpfen, indem man etwas Richtiges tut! Manche Probleme – wie Rassismus oder Vorurteile – lassen sich nicht einfach beheben. Doch es gibt auch viele andere Situationen im Leben, die irgendwie aus dem Gleichgewicht geraten sind – und vielleicht einem jungen Weltveränderer die perfekte Gelegenheit bieten, sich erstmals zu engagieren! Hier ein paar Fragen, die du dir stellen solltest:

IST DAS, WAS HIER PASSIERT, WIRKLICH UNFAIR?

Einige Dinge – zum Beispiel Regen am Geburtstag – sind enttäuschend, aber nicht ungerecht. Wir können ohnehin keinen Einfluss darauf nehmen. Anderes, wie eine Niederlage im Fußballspiel, ist frustrierend, aber ebenfalls nicht unfair. Was aber, wenn im Unterricht immer bloß die Jungen aufgerufen werden und nie die Mädchen? Was, wenn ein Park in einer reichen Wohngegend immer sorgsam gepflegt wird, während sich niemand um den Park im ärmeren Viertel kümmert? Diese Beispiele sind NICHT fair, und jemand sollte etwas dagegen unternehmen.

WAS SOLLTE DEINER MEINUNG NACH PASSIEREN?

Sich zu beschweren, ohne Lösungsvorschläge zu liefern, wird nicht viel bewirken. Wenn etwas ungerecht ist, überlege dir, wie eine faire Alternative aussehen könnte.

WER IST VERANTWORTLICH?

Als Nächstes musst du herausfinden, wer die Macht hat, Entscheidungen zu treffen und die derzeitige Lage zu verändern. Vielleicht ein Lehrer, ein Trainer oder Regionalpolitiker? Oder eventuell sogar deine Eltern?

WIE KAM DIE UNFAIRE SITUATION ZUSTANDE?

Erkundige dich höflich, wieso die Dinge so sind, wie sie sind. Dass etwas unfair ist, bedeutet noch lange nicht, dass es absichtlich so eingerichtet wurde. Gut möglich, dass die Ungerechtigkeit bloß noch niemandem aufgefallen ist, bis du sie erkannt und den Mund aufgemacht hast. Oder jemand erklärt dir, welche Entscheidung dahintersteckt, und du siehst die Dinge danach selbst in ganz anderem Licht. Was auch passiert: Bewahre Ruhe und bleib freundlich! Manche Leute fühlen sich schnell auf den Schlips getreten, wenn sie ausgefragt werden (insbesondere von einem Kind).

WER KÖNNTE SICH NOCH EINBRINGEN?

Wenn weitere Personen von dem Problem betroffen sind, solltet ihr euch zusammentun. Verschafft euch mit Petitionen, Briefen oder durch friedlichen Protest Gehör. Je mehr Aufmerksamkeit ihr weckt, desto größer wird der Druck auf die verantwortlichen Entscheidungsträger.

BRAUCHT ES NOCH EINEN SCHRITT MEHR?

Tut sich noch immer nichts? Dann wird es vielleicht Zeit, die Dinge selbst anzupacken. Mal angenommen, die Karten zu eurem Schulball sind für einige Kids zu teuer. Dann stell ein Event auf die Beine, das sich wirklich jeder leisten kann. Wenn jemand an deiner Schule gemobbt wird, lade diesen Jemand an deinen Tisch in der Mensa ein und zeig den Fieslingen gegenüber Mut und Stärke.

SITZ NICHT EINFACH NUR HERUM. WELTVERÄNDERER WIRD MAN, INDEM MAN ETWAS VERÄNDERT!

ÖKO-UNTERNEHMER

Die Nachricht des Tages: Du musst nicht erst erwachsen werden, um dein eigenes Unternehmen zu gründen. Ein Unternehmer ist jemand, der seine eigene Firma auf die Beine stellt. Und ein Öko-Unternehmer hat zusätzlich ein Auge darauf, dass es sich dabei um eine umweltfreundliche Firma handelt. Alles, was dazu nötig ist, sind ordentlich Grips, jede Menge harter Arbeit und der Wunsch, unserem Planeten etwas Gutes zu tun.

Könntest auch DU zum Öko-Unternehmer werden? Finde mit diesem augenzwinkernden Quiz heraus, ob in dir womöglich ein Gründer von morgen steckt:

FRAGE: BIST DU RISIKOBEREIT?
Eine Firmengründung ist niemals eine sichere Sache, aber damit können Unternehmer leben. Risiken einzugehen, gehört dazu, wenn man ein furchtloser Anführer sein will.

FRAGE: BIST DU NEUGIERIG?
Unternehmer haben für gewöhnlich einen starken Wissensdurst. Sie LIEBEN es, Fragen zu stellen. Was, wenn es eine bessere Methode gäbe, um …? Wieso hat noch nie jemand versucht …? Was würde passieren, wenn …? Ständig lassen sie sich neue Wege einfallen, ein Problem in Angriff zu nehmen.

BIG BOSS KIDS

Laut einer aktuellen Umfrage unter Jugendlichen zwischen zehn und 17 Jahren ...

... wollen 77 Prozent später ihr eigener Chef sein.
... hoffen 45 Prozent, eines Tages ein Unternehmen zu gründen.
... planen 42 Prozent, etwas zu entwickeln, das die Welt verändern wird.

FRAGE: KANNST DU RÜCKSCHLÄGE EINSTECKEN?

Unternehmer werfen nicht gleich die Flinte ins Korn, wenn es mal schwierig wird. Sie sind entschlossen. Sie wollen mit ihrem Projekt unbedingt Erfolg haben!

FRAGE: SCHAFFST DU ES, ZUM CHAMÄLEON ZU WERDEN?

Chamäleons können ihre Farbe verändern – ziemlich cool. Du musst zwar nicht grün im Gesicht werden, um erfolgreich eine Firma zu leiten, aber du MUSST in der Lage sein, dich anzupassen und zu verändern, wenn die Situation es erfordert.

FRAGE: BIST DU VON NATUR AUS EHRGEIZIG?

Klar, jeder will erfolgreich sein, aber Öko-Unternehmer sind wie ein Hund, der seinen Knochen sucht: Sie. Geben. Niemals. Auf.

Falls du die meisten Fragen mit **JA** beantwortet hast, könnte deine Zukunft ein Öko-Unternehmen für dich bereithalten. Lies dir auf den nächsten Seiten die Profile von vier Kids durch, die den Sprung bereits gewagt haben ...

KIDS LEGEN LOS

OSKAR PETERSEN

Geboren: 2009   **Heimat:** England
Aktion: hat »OSKeco« gegründet

»JEDES EINZELNE STÜCK PLASTIK, DAS JE HERGESTELLT WURDE, FINDET SICH NOCH HEUTE AUF UNSEREM PLANETEN.«

Der Moment, in dem Oskar das Foto einer Meeresschildkröte mit einem Plastikstrohhalm in der Nase sah, veränderte sein Leben. Überall fiel ihm nun Plastik ins Auge – kein Wunder, denn in aller Welt werden Minute für Minute zusammengenommen eine Million Plastikflaschen und zwei Millionen Plastiktüten produziert. Oskar wollte den Menschen bessere Alternativen anbieten. Er informierte sich und bat seine Eltern, ihn mit Geld für seine erste Geschäftsidee zu unterstützen: Oskar plante, Bambuszahnbürsten herzustellen und zu verkaufen.

Seither arbeitet Oskar am Ausbau seines Onlineshops »OSKeco«. Inzwischen gibt es dort auch wiederverwendbare Trinkhalme, Wasserflaschen, Bambusbesteck und Einkaufstaschen aus Baumwolle. Und das Logo seiner Firma ist eine Meeresschildkröte!

»MAN SOLLTE KEINE FIRMA GRÜNDEN, UM VIEL GELD ZU VERDIENEN – SONDERN EIN UNTERNEHMEN ERSCHAFFEN, DAS DER WELT OFFENBAR BISHER FEHLT.«

MIKAILA ULMER

Geboren: 2005   **Heimat:** USA
Aktion: hat »Me & the Bees Lemonade« aus der Taufe gehoben

Alles fing damit an, dass Mikaila zweimal innerhalb nur einer Woche von einer Biene gestochen wurde. Wenig später schickte ihre Urgroßmutter ihr ein Kochbuch mit alten Rezepten, in denen Honig verwendet wurde. Das brachte Mikaila auf eine Idee – an einem Stand selbst gemachte, mit Honig gesüßte Limonade anzubieten. Es dauerte nicht lange, da verkaufte sie ihre Produkte bereits in Supermärkten der Kette »Whole Foods« und machte durch einen Auftritt in *Shark Tank* (der amerikanischen Version von *Die Höhle der Löwen*) von sich reden. Obwohl sie damals erst zehn war, erhielt sie von den Investoren dort umgerechnet knapp 55 000 €, um ihr Unternehmen weiter auszubauen.

Mittlerweile verkauft Mikaila 360 000 Flaschen ihrer Limonade pro Jahr, und einen Teil ihres Gewinns spendet sie an Naturschutzorganisationen, die sich für Bienen einsetzen, da diese von entscheidender Bedeutung für unser Ökosystem sind. Mikaila ist eine der jüngsten Firmenchefinnen der USA und hat den besten Jobtitel überhaupt: Bienenkönigin!

MAX LAWTON

Geboren: 2001 **Heimat:** Neuseeland
Aktion: hat mit Freunden »ClearFreeSkin« auf die Beine gestellt

In seiner Jugend litt Max viele Jahre lang an richtig schlimmer Akne. Er versuchte alles, um sein Hautbild zu verbessern, wollte allerdings keine Medikamente nehmen und auch keine Produkte mit allzu viel Chemie verwenden. Da er auf dem Markt kein rein natürliches Mittel für seine Zwecke fand, beschloss er, sein eigenes zu erfinden.

Gemeinsam mit zwei Freunden gründete er das Hautpflegelabel »ClearFreeSkin«, nachdem er sich eingehend über die Eigenschaften und Wirkungen von Manukaöl informiert hatte. Die Maori, Neuseelands Ureinwohner, nutzen dieses »Wundermittel« bereits seit Jahrhunderten. Es bekämpft Bakterien und beruhigt gerötete, gereizte Haut – perfekt also gegen Akne. Das erste Produkt des Unternehmens – ein leicht aufzutragendes Gesichtsspray im Glasfläschchen – war sofort ein Hit. Inzwischen führt Max die Firma allein und vertreibt seine Produkte weltweit. Ein klarer Erfolg!

»INNOVATION IST DER SCHLÜSSEL ZUM ERFOLG IN DER MODERNEN WELT.«

LUCA BERARDI

Geboren: 2005 **Heimat:** Italien
Aktion: hat die »Young Animal Rescue Heroes« (YARH) ins Leben gerufen

Luca hat viele Talente: Er ist Sänger, Schauspieler, Schriftsteller, Moderator, Unternehmer und Umweltschützer. Nachdem er über bedrohte Tierarten gelesen hatte, wollte er etwas tun, um ihnen zu helfen.

Im Alter von acht Jahren gründete Luca seine eigene Umweltorganisation, um Geld für Tierschutzprogramme zu sammeln. Während seine Familie in Kenia lebte, sammelte er an seiner Schule und in Büros Papierabfälle und alte Saftkartons und verkaufte sie an Recyclingunternehmen.

Inzwischen wohnt Luca in Schweden und spendet das Geld, das er mit YARH verdient, weiterhin an Organisationen, die sich gegen Wilderei und für den Schutz von Wildtierreservaten einsetzen. Außerdem hat er bereits TED Talks gehalten, Umwelt-Workshops veranstaltet und Müllsammelaktionen in seiner Gemeinde organisiert. Und was hat Luca als Nächstes vor? Es bleibt spannend!

»ICH WÜNSCHTE, JEDER HÄTTE DAS BEDÜRFNIS, ETWAS FÜR DIE UMWELT UND FÜR BEDROHTE TIERE ZU TUN.«

GRÜNDE DEIN EIGENES ÖKO-UNTERNEHMEN!

Nie gab es einen besseren Zeitpunkt für ein eigenes »grünes« Unternehmen. Hier kommen ein paar Tipps, wie auch du erfolgreich Gutes tun kannst.

STARTE MIT EINEM BRAINSTORMING

Fang bei deinen eigenen Hobbys und Interessen an: Entscheide, worum es bei deiner Firma gehen soll und welches Produkt oder welche Dienstleistung du verkaufen oder anbieten kannst und möchtest.

FINDE EIN ALLEINSTELLUNGSMERKMAL

Ein Alleinstellungsmerkmal ist etwas, das dich von der Konkurrenz abhebt – was macht deine Firma einzigartig und besonders?

SUCH NACH INSPIRATION

Schau dir einige deiner umweltfreundlichen Lieblingsmarken an und überlege, was dir an ihnen am besten gefällt.

ERSTELL EINEN PLAN

Wie kommst du an Materialien? Wie machst du die Welt mit deinem Produkt bekannt? Sprich mit deinen Eltern oder einem anderen Erwachsenen über alles, wobei du Hilfe brauchen wirst – zum Beispiel Versand, Marketing oder die Einrichtung einer Webseite.

ONLINE VERKAUFEN

Wenn du bei Etsy oder einer ähnlichen Plattform einen Onlineshop einrichten willst, bitte zuerst deine Eltern um Erlaubnis. Sicher können sie dir auch dabei helfen, den Shop zu managen, Werbung dafür zu machen, deine Preise festzulegen und die Sachen zu verschicken!

BESCHAFF DIR DEINE FINANZIERUNG

Eine tolle Idee ist der eine Teil – aber um sie umzusetzen und dein Unternehmen zum Laufen zu bringen, wirst du Kapital, also gespartes Geld, benötigen. Vielleicht kommt Crowdfunding für dich infrage: Dabei sammelst du Geld bei Freunden, Verwandten, Kunden und möglichen Investoren.

NETZWERKE

Tausch dich mit anderen Eigentümern grüner Firmen aus und stell ihnen Fragen. Gönn dir einen Crashkurs in Unternehmensführung und lass dein Wissen immer weiter wachsen. Gut möglich, dass jemand jemanden kennt, der dir helfen kann bei ... was auch immer. Schließlich verfolgt ihr alle ein gemeinsames Ziel: Ihr wollt dem Planeten etwas Gutes tun!

PLANE DEN OFFIZIELLEN STARTSCHUSS FÜR DEIN UNTERNEHMEN UND LADE ALL DEINE FREUNDE UND BEKANNTEN DAZU EIN.

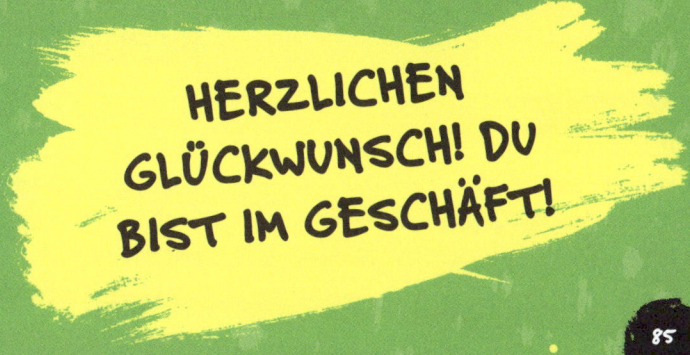

HERZLICHEN GLÜCKWUNSCH! DU BIST IM GESCHÄFT!

KONZEPTE FÜR COOLE ÖKO-COUPS

Wenn es um kreative Wege zum Geldverdienen geht, sind deiner Fantasie keine Grenzen gesetzt. Falls du noch nach Inspiration suchst, durchstöbere doch einmal diese Vorschläge für deinen persönlichen Öko-Coup.

GETRÄNKESTAND

In den USA verkaufen junge Leute oft selbst gemachte Getränke an einem »Limonadenstand«. Wäre auch in deinem Wohngebiet ein Markt für so etwas?

KUCHENKREATIONEN

Biete deinen Freunden und deiner Familie an, dich kreativ für die Kuchentheke auszutoben, wenn wieder einmal eine Feier ansteht.

SCHMUCKHERSTELLUNG

Es gibt tonnenweise originelle Ideen, mit denen man etwas Altes aufpimpen und in etwas Neues verwandeln kann – Meerglas, zum Beispiel. Schau dich auf Etsy oder anderen Bastlerseiten nach Ideen um.

MODEDESIGN

Hast du einen Blick für Modetrends? Dann könntest du deine eigene Kollektion entwerfen oder Fundstücke aus dem Second-Hand-Laden umgestalten.

EIGENE KUNSTWERKE

Verkauf deine Gemälde oder Zeichnungen auf Kunsthandwerksmärkten und -ausstellungen in deiner Nähe oder richte einen Onlineshop ein.

KINDERSCHMINKEN

Das kommt bei jüngeren Kids richtig gut an und macht außerdem riesigen Spaß! Biete deine Künste auf Schulfesten oder bei anderen Feierlichkeiten wie Geburtstagspartys an.

SECOND-HAND-BÜCHER

Sammele gebrauchte Bücher von Freunden und Familienmitgliedern und verkauf sie über amazon.de oder andere Webseiten.

GESCHENKE-EINPACKSERVICE

Biete vor Feiertagen deine »grünen« Verpackungskünste an – benutze Recyclingpapier oder alte Zeitungen, um Geschenke darin einzuschlagen, und setz natürliche Akzente, zum Beispiel mit kleinen Kiefernzapfen oder Stechpalmenblättern.

HOF- UND GARAGENFLOHMARKT

Jede Menge Leute haben das ein oder andere bei sich herumstehen, das sie gern verkaufen würden, sind dazu aber zu beschäftigt. Du könntest ihnen vorschlagen, ihre Sachen zu sortieren und zu präsentieren, Preise festzulegen und Geld zu kassieren, entweder zu einem festgesetzten Lohn oder für einen Anteil an den Einnahmen.

PARTYPLANUNG

Hilf doch anderen dabei, umweltfreundliche Partys und Veranstaltungen zu planen – etwa mit veganem Kuchen und grünen Alternativen zu Luftballons und Plastik.

POST- UND GLÜCKWUNSCHKARTEN

Wenn du künstlerisch begabt bist, könntest du Karten gestalten und zum Verkauf anbieten. Das macht Spaß und ist eine fantastische Methode, Papier zu recyceln und aufzuwerten!

GARTENPFLEGE

Bist du gern draußen? Dann gründe einen Rasenmähservice oder unterstütze andere bei der Gartenarbeit, indem du Laub rechst oder Schnee schaufelst. Auf die altmodische Art und Weise – also ohne Laub- oder Schneebläser – ist das zudem viel besser für unseren Planeten!

RECYCLING

Stell einen Recycling-Service auf die Beine: Sammele zum Beispiel Papier, Flaschen oder Dosen von Leuten, die sich den Weg zum Container sparen wollen.

KOSTÜMDESIGN

Bist du ein Genie an der Nähmaschine und schneiderst dir gern eigene schräge Outfits für Fasching oder Halloween? Mach ein Geschäft daraus und fertige auf Wunsch auch Kostüme für andere.

BIOSEIFE

Seife selbst herzustellen, ist viel leichter, als manche Leute glauben, und du kannst sie ganz individuell gestalten. Wie wäre es mit Ziegenmilchseife, Naturseife, Kräuterseife …?

KERZEN

Handelsübliche Kerzen geben oft reizende oder sogar giftige Chemikalien in die Luft ab – ganz im Gegensatz zu solchen aus Soja oder Bienenwachs. Außerdem brennen sie langsamer ab und rauchen nicht so stark. Kerzen kannst du super verschenken oder auf einem Markt für Kunsthandwerk sowie online verkaufen.

FAHRRÄDER AUFPOLIEREN

Jede Menge CO_2 lässt sich einsparen, wenn mehr Menschen mit dem Rad fahren. Falls du gern Dinge reparierst, ist das vielleicht ein Geschäftsmodell für dich.

SELBST GEMACHTE KOSMETIK

Immer mehr Leute interessieren sich für rein natürliche Pflegeprodukte. Du könntest Peelings herstellen, zum Beispiel aus Salz, Kokosöl und anderen ätherischen Ölen.

GESUND. GLÜCKLICH. GEGENWÄRTIG.

Psychische Gesundheit ist ein heikles Thema – aber was genau versteht man eigentlich darunter? **Wenn die Leute von psychischer oder mentaler Gesundheit reden, meinen sie das seelische Wohlbefinden** und die Fähigkeit, mit allem, was das Leben so bereithält, zurechtzukommen. Manchmal ist auch von »Belastbarkeit« die Rede. Genau wie deinem Körper geht es auch deiner Seele mal gut und mal weniger gut. Stell dir deine seelische Gesundheit wie eine Art emotionale Fitness vor!

Wenn es um die mentale Gesundheit gerade nicht so toll bestellt ist, kämpfen wir mit Problemen wie Depressionen, Angstzuständen, Essstörungen oder Panikattacken. Davon sind junge Menschen ebenso betroffen wie Erwachsene. **Am besten wird man mit solchen Schwierigkeiten fertig, wenn man sie mutig anpackt.**

Weltveränderer, die sich für seelische Gesundheit einsetzen, wollen die ganze Welt wissen lassen, dass jeder von uns Probleme hat – auch Menschen, deren Leben von außen betrachtet perfekt wirkt. (Vielleicht sogar vor allem die.) Bei dieser Art von Aktivismus geht es darum, Informationen zu verbreiten, Aufmerksamkeit zu wecken und anderen die Unterstützung zu bieten, die sie verdienen.

Im Zusammenhang mit psychischer Gesundheit wird eine besondere Problematik bei jungen Umweltaktivisten immer verbreiteter: die sogenannte **Öko-Angst**.

Greta Thunberg entwickelte Öko-Angst, nachdem sie in der Schule vom Klimawandel erfahren hatte. Im Gegensatz zu ihren Klassenkameraden ließ das Thema sie nicht mehr los. Ihre Sorge um die Zukunft unseres Planeten wurde so groß, dass sie in eine tiefe Depression verfiel. Es ging ihr so schlecht, dass sie für eine Weile sogar aufhörte, zu sprechen und zu essen.

MIT EINER LEEREN KANNE LÄSST SICH KEINE BLUME WÄSSERN – BEVOR DU HILFST, ACHTE AUF DEN FÜLLSTAND DEINER PERSÖNLICHEN KANNE.

Schließlich vertraute Greta ihre Ängste und Sorgen ihren Eltern an. Darüber zu reden, half ihr sehr, damit umzugehen, und zu Gretas Überraschung überzeugten ihre Worte ihre Eltern, ebenfalls einige drastische Veränderungen vorzunehmen. Sie verzichteten fortan auf Fleisch, installierten Solarmodule auf dem Hausdach und gaben auch Flugreisen komplett auf. Gretas Mutter beendete sogar ihre Karriere als Opernsängerin, da sie für weltweite Auftritte ständig hatte fliegen müssen. Erst das führte Greta endgültig vor Augen, dass sie tatsächlich etwas bewirken konnte, indem sie andere zum Handeln inspirierte.

Eine Depression ist eine sehr ernste Erkrankung, doch durch ihren Klima-Aktivismus ging es Greta langsam wieder besser. Daraus zog sie auch die Motivation, ein Schild mit der Aufschrift »Schulstreik fürs Klima« zu malen. Der Rest ging in die Geschichte ein!

KIDS LEGEN LOS

HAILEY HARDCASTLE

Geboren: 2001 **Heimat:** USA

Aktion: setzt sich für »Mentale-Auszeit-Tage« an Schulen ein

Hailey stand unter enormem Stress, als sie eines Tages im Unterricht einen Panikanfall bekam. Panikattacken können unheimlich beängstigend sein, und ihre Mutter holte sie unter dem Vorwand, sie hätte einen Arzttermin, aus der Schule ab. Die freie Zeit zu Hause, in der sie sich ein wenig erholen konnte, tat Hailey unendlich gut, und sie begann sich zu fragen, wieso man gezwungen sein sollte, zu lügen, wenn man einmal eine »mentale Auszeit« brauchte.

Schüler an Haileys Schule durften den Unterricht nur bei Krankheit, für wichtige Termine oder in Notfällen versäumen. Hailey wusste allerdings, dass auch andere Kids sich »krank« meldeten, wenn es ihnen psychisch nicht gut ging. Das machte die Sache jedoch nur schlimmer: Den Erwachsenen wurde so gar nicht bewusst, wo das wirkliche Problem lag, und die Kinder erhielten deshalb auch nicht die Hilfe, die sie brauchten. Hailey wurde aktiv, indem sie einen Entwurf für »Mentale-Auszeit-Tage« formulierte, der schließlich zum unterzeichneten Gesetz wurde!

LYLA-ROSE O'DONOVAN

Geboren: 2013 **Heimat:** England

Aktion: verschickt Mut-Urkunden

In ihrem jungen Leben hat Lyla schon viel gelitten. Im Alter von nur drei Jahren wurde bei ihr ein Gehirntumor festgestellt; ohne eine Operation zur Entfernung gaben die Ärzte ihr nur noch wenige Tage zu leben. Lyla überstand die OP – und viele weitere – und inspiriert seither mit ihrer Entschlossenheit, zu leben und zu lieben, alle in ihrem Umfeld.

Zudem hat sie es sich zur Mission gemacht, anderen Kindern, die gegen schlimme Krankheiten kämpfen, eine Freude zu bereiten. Mit der Unterstützung ihrer Eltern hat sie die Facebook-Seite »Lyla und Lilley's Stars« eingerichtet. Gemeinsam mit ihrer älteren Schwester Lilley verschickt sie Mut-Urkunden an Kinder in aller Welt. 2019 wurde sie dafür mit dem »WellChild Award« geehrt und durfte sogar Prinz Harry und Herzogin Meghan treffen.

RAINA IVANOVA

Geboren: 2004 **Heimat:** Deutschland
Aktion: macht sich für Kinderrechte stark

Im Sommer 2019 war es in Deutschland so heiß, dass ein neuer Rekord aufgestellt wurde: 40,5 °C. Auch in Rainas Klassenzimmer war die Hitze unerträglich, und Hamburgs berühmte Kanäle trockneten aus. Dabei kennt ihre Stadt auch das gegenteilige Wetterextrem: schweren Regen und heftige Stürme, die zu Überflutungen führen.

Die Tatsache, dass all diese Wetterphänomene vom Klimawandel herrühren, hat sich negativ auf Rainas psychische Gesundheit ausgewirkt: Die Sorge wegen der Klimakrise bringt ihr Leben mächtig durcheinander. Wenn sie daran denkt, was derzeit mit unserem Planeten geschieht, kommen ihr beinahe die Tränen – denn Kids wie sie werden von den Folgen am stärksten betroffen sein. Raina war eine der 16 Jugendlichen, die eine offizielle Klage bei der UN eingereicht haben, um dagegen zu protestieren, dass die Regierungen zu wenig in Bezug auf die Klimakrise unternehmen.

AMANDA SOUTHWORTH

Geboren: 2002 **Heimat:** USA
Aktion: hat eine App programmiert, um Mobbing-Opfern zu helfen

Viele, viele Jahre lang wurde Amanda in der Schule gehänselt und schikaniert. Am meisten verletzte sie dabei, dass viele ihrer Mitschüler alles mitbekamen, aber nicht einschritten. Da Amanda keine Ahnung hatte, wohin sie sich wenden sollte, um Hilfe zu erhalten, lud sie sich heimlich ein Psychologielehrbuch herunter und brachte sich selbst bei, mit ihren Ängsten, Depressionen und ihrer PTBS (post-traumatischen Belastungsstörung) umzugehen. Diese Erfahrung inspirierte sie dazu, eine App für andere Kids mit ähnlichen Problemen zu schreiben.

»AnxietyHelper« ist eine Art Handbuch zu seelischer Gesundheit und hat inzwischen Tausende aktiver Nutzer und Follower in den sozialen Netzwerken. Amanda wurde von der Zeitschrift *Teen Vogue* zu einem der 21 einflussreichsten Menschen unter 21 Jahren gewählt. Ihr Drang, anderen zu helfen, war so stark, dass sie zudem inzwischen »Astra Labs« gegründet hat – ihre eigene Firma zur App-Entwicklung.

LEIDEST DU AN ÖKO-ANGST?

Öko-Angst ist eine ernste Sache – ein Zustand nämlich, in dem du dir immense Sorgen wegen des Klimawandels machst und dir vor den Folgen für unseren Planeten graut. Falls es dir so geht, dann beweist das, dass du clever und mitfühlend und alles andere als egoistisch bist. Außerdem hast du dich vermutlich besser informiert als viele Erwachsene.

Hinter Öko-Angst steckt mehr als bloße Traurigkeit über die Notlage der Eisbären. Sie geht mit schlaflosen Nächten wegen der schmelzenden Polkappen, der Treibhausgase und dem verrücktspielenden Wetter einher. Mit einer Angst oder Hoffnungslosigkeit, die so erdrückend ist, dass sie das tägliche Leben massiv beeinträchtigt. Mit einem Gefühl von Schuld, Wut, Trauer, Taubheit, Enttäuschung, Depression, Stress, Einsamkeit, Müdigkeit. Vielleicht mit allem auf einmal. Und das tut nicht gut.

Manche Erwachsene meinen, Kinder sollten einfach ihre Kindheit genießen und sich wegen des Klimawandels keine Gedanken machen. **FALSCH.** Der Generation Hope ist bereits glasklar, was in der Welt passiert – denn die Wahrheit lässt sich vor niemandem verstecken, der alt genug ist, auf eigene Faust gründlich im Internet zu recherchieren.

Und bloß, weil du noch jung bist, sind deine Gefühle kein bisschen weniger wichtig oder richtig. Sie sollten nicht beiseitegewischt werden mit Sprüchen wie »Sei nicht albern!« oder »Du bist doch nur ein Kind!«.

Die gute Nachricht: Öko-Angst lässt sich in eine treibende Kraft für Wandel ummünzen. Denn, um es mit Greta Thunbergs Worten zu sagen: **»Noch ist es zum Handeln nicht zu spät.«**

SO SCHÜTZT DU DICH VOR DEM WELTVERÄNDERER-BURNOUT

Ein Leben als Aktivist kann hart sein. Verflixt hart. Allerdings wirst du nichts bewegen, wenn du selbst zu überfordert oder ausgelaugt bist, um noch Elan aufzubringen. Nimm dir zu Herzen, was auch Flugbegleiter immer vor dem Start sagen: zuerst die eigene Sauerstoffmaske aufsetzen, dann anderen helfen. Ein hervorragender Rat!

Die folgenden Tipps sollen dich vor einem Weltveränderer-Burnout bewahren:

- **Leg die Latte tiefer.** Manchmal reicht es völlig, einfach nur »gut genug« zu sein.

- **Bleib gesund.** Sorg dafür, dass du genügend Schlaf und Bewegung bekommst, verzichte auf Fast Food und trink genug!

- **Nimm's mit Humor.** Diese Eigenschaft wird dich im Leben sehr weit bringen.

- **Sei du selbst.** Such dir einen Ort, wo du einfach sein kannst, wie du bist. Kein aufgesetztes Lächeln, kein Verstellen. Eine kleine Oase zum Krafttanken.

- **Bitte um Hilfe.** Erfolgreiche Weltveränderer erkennen, wann sie Rat und Unterstützung nötig haben.

- **Geh auch anderen Interessen nach.** Nicht alles in deinem Leben muss sich um den Aktivismus drehen!

- **Tu weniger.** Wer sich keine freie Minute gönnt, rast geradewegs auf ein Burnout zu. Wir sind Menschen, keine Maschinen. Schalte einen Gang zurück.

- **Leb nicht für Likes.** Etwas zu tun, bloß um anderen zu gefallen und Eindruck zu schinden, ist völlige Zeitverschwendung. Feiere deine eigenen Leistungen, egal wie klein.

- **Führ Tagebuch.** Solltest du je das Gefühl bekommen, dass dir alles über den Kopf wächst, schreib deine Gedanken auf. Allein das kann schon helfen.

- **Tu jeden Tag etwas, das du liebst.**

- **Geh raus in die Natur.** Zeit im Freien zu verbringen, tut unheimlich gut und gibt dir neue Energie.

- **Verbünde dich.** Indem du dich mit anderen zusammentust, erreichst du mehr und gewinnst größeren Einfluss.

- **Spuck's aus.** Wenn du einfach mal Dampf ablassen musst, tu das. Sich immerzu auf die Zunge zu beißen, kann krank machen. Falls du dich keinem Freund anvertrauen möchtest, sprich versuchsweise mit deinem Haustier. Tiere sind die bestens Zuhörer der Welt.

WASSER-KRIEGER

Wasser, Wasser, überall … wir nutzen es für alles Mögliche, vom Kochen und Trinken übers Bewässern von Nutzpflanzen bis hin zum Waschen. Wir alle brauchen Wasser, um zu überleben, und viele von uns betrachten es als Selbstverständlichkeit.

Das sollten wir vielleicht aber nicht. Denn Wassermangel ist in vielen Gegenden der Welt ein großes Problem. Kannst du dir vorstellen …

… JEDEN TAG STUNDEN DAMIT ZUZUBRINGEN, SCHWERE WASSERKRÜGE ZU SCHLEPPEN?

… DEN HAHN AUFZUDREHEN UND NUR EIN RINNSAL AUS DUNKLEM, STINKENDEM WASSER TRÖPFELT HERAUS?

… NACH EINER DUSCHE MIT DRECKIGEM WASSER EINEN HAUTAUSSCHLAG ZU BEKOMMEN?

… HAUFENWEISE MÜLL EINEN WUNDERSCHÖNEN FLUSS HINUNTERTREIBEN ZU SEHEN?

… GETREIDE UND GEMÜSE AUF DEN FELDERN BEIM VERTROCKNEN ZUZUSCHAUEN?

… VOR STEIGENDEN FLUTEN FLIEHEN ZU MÜSSEN?

Ob du es glaubst oder nicht: Genau solche Situationen erleben Menschen jeden Tag – auch junge Leute wie du.

HEY, NICHT RUNTERSPÜLEN!

- Medikamente
- Feuchttücher
- Wattepads
- Tierkot
- Essensabfälle
- Einmalhandtücher, Folien und Tampons
- Windeln

All diese Dinge könnten so in den Wasserkreislauf gelangen und Tieren schaden!

SCHON GEWUSST?

- Ein Mensch kann etwa einen Monat ohne Nahrung überleben, aber nur drei bis vier Tage ohne Wasser.
- Obwohl über 70 Prozent der Erdoberfläche von Wasser bedeckt sind, ist das meiste davon salzig oder gefroren.
- Würde man alles Wasser der Welt in eine Literflasche gießen, wäre nur ein Teelöffel davon für den menschlichen Gebrauch geeignet.
- Jeder dritte Mensch weltweit hat keinen Zugang zu sauberem Trinkwasser.
- In manchen Ländern laufen die Einwohner im Durchschnitt 6,5 km am Tag, um an Wasser zu kommen.
- Durch einen undichten Wasserhahn können täglich bis zu drei Liter Wasser verloren gehen.
- In Flaschen abgefülltes Wasser kann mit mehr Schadstoffen belastet sein als ganz gewöhnliches Leitungswasser.
- Süßwasserbewohner wie Flussdelfine sind wesentlich stärker vom Aussterben bedroht als Land- und Meereslebewesen.
- Ein Vollbad verbraucht etwa 80 Liter Wasser – eine Fünf-Minuten-Dusche nur die Hälfte.
- Jedes Jahr landen 300 bis 400 Millionen Tonnen Giftmüll in unseren Gewässern – darunter Giftschlamm und gefährliche Chemikalien. IGITT!

Auf den nächsten Seiten erfährst du, wie vier junge Weltveränderer die Situation verbessern!

KIDS LEGEN LOS

»WIR WERDEN WEITER PROTESTIEREN, BIS KONKRETE SCHRITTE GEGEN DIESE KRISE UNTERNOMMEN WERDEN.«

ARAN COSENTINO

Geboren: 2003 **Heimat:** Italien
Aktion: hat für die Rettung eines italienischen Flusses gekämpft

Aran wurde im Alter von zwölf Jahren zum Weltveränderer: Damals begann er für die Schule ein Recyclingprojekt. Einige Jahre später hörte er davon, dass am Fluss Alberone ein Wasserkraftwerk gebaut werden sollte. Aran war klar, dass dieses Vorhaben furchtbare Auswirkungen auf einen der letzten gesunden Flüsse Italiens haben würde. Das Kraftwerk würde auch die tierischen Flussbewohner gefährden und die Landschaft massiv verschandeln.

Aran tat sich mit anderen Weltveränderern zusammen, um das Projekt zu stoppen, und rief über die sozialen Medien dazu auf, den Fluss zu schützen. Die Schlacht tobte zwei Jahre lang, doch schließlich gab das Unternehmen seine Pläne auf. Aran und sein Team hatten gewonnen! Mittlerweile nimmt Aran an den wöchentlichen Schulstreiks fürs Klima teil und hofft, eines Tages Greta Thunberg persönlich zu treffen.

»WASSER IST LEBEN. MUTTER ERDE BRAUCHT UNS NICHT – ABER WIR BRAUCHEN SIE.«

AUTUMN PELTIER

Geboren: 2004 **Heimat:** Kanada
Aktion: setzt sich als »Wasserkriegerin« für den Indianerstamm der Anishinabe ein

Autumn gehört der Wiikwemkoong First Nation an, einem Volksstamm kanadischer Ureinwohner, und engagiert sich seit ihrem achten Lebensjahr. Sie sagt, dass Wasser heilig ist und geschützt werden muss. Inzwischen hat sie mit dieser Botschaft die ganze Welt bereist und auch an wichtigen Veranstaltungen der UN teilgenommen.

Einer ihrer stolzesten Momente war die Übergabe einer zeremoniellen Wasserschale an Kanadas Premierminister Justin Trudeau. Er hatte sich für Ölbohrprojekte in abgelegenen, unberührten Gebieten ausgesprochen, und die Schale sollte ihn an seine Pflicht erinnern, die Natur zu schützen. Autumn überreichte ihm das Gefäß und erklärte, wie unglücklich sie mit seinen politischen Entscheidungen sei. Solche Worte hatte der Premierminister aus dem Mund einer Zwölfjährigen vermutlich als Letztes erwartet!

AYAKHA MELITHAFA

Geboren: 2002   **Heimat:** Südafrika

Aktion: engagiert sich als Sprecherin für die Afrikanische Klima-Allianz

Ayakha hat die Auswirkungen des Klimawandels mit eigenen Augen gesehen – zum Beispiel die Dürren, die das südliche Afrika so schrecklich mitgenommen haben. Weil es nicht genügend regnet, kann ihre Mutter nichts anpflanzen, und einige Farmtiere der Familie sind verendet. Der Zustand unserer Welt frustrierte Ayakha so sehr, dass sie sich 15 anderen Kindern – darunter Greta Thunberg – anschloss und eine offizielle Beschwerde an die UN richtete. Die Anklage? Mangelnder Einsatz bezüglich des Klimawandels, was aus ihrer Sicht eine Verletzung der Kinderrechte darstellt.

Laut Akyakha sollen alle Menschen wissen, dass die globale Erwärmung jeden betrifft und nicht bloß die, die sich einen umweltfreundlichen Lebensstil leisten können. Sie hält es für enorm wichtig, dass auch arme Menschen und Menschen nicht-weißer Hautfarbe sich Gehör verschaffen. Es wird Zeit, dass wir alle unsere Stimme für den Planeten erheben!

AMARIYANNA »MARI« COPENY

Geboren: 2007   **Heimat:** USA

Aktion: fordert sauberes Wasser für die Stadt Flint im US-Bundesstaat Michigan

Als Mari acht Jahre alt war, gab es in ihrer Heimatstadt bereits seit vier Jahren kein sauberes Wasser mehr. Im Trinkwasser, das aus dem Hahn kam, wurden hohe Bleiwerte und eine bedenkliche Bakterienbelastung gemessen. Es stank und sah braun und widerlich aus. Niemand wollte es trinken oder darin baden, und die, die es doch taten, wurden häufig krank – einige starben sogar.

Irgendwann reichte es Mari: Sie musste etwas unternehmen. Also schrieb sie einen Brief an den damaligen US-Präsidenten Barack Obama, schilderte ihm die Wasserprobleme ihrer Stadt und bat um ein Treffen. Ihre aufrichtigen Worte brachten ihn dazu, nach Michigan zu reisen und sich vor Ort selbst ein Bild der Lage zu machen. Der Präsident stellte der Stadt daraufhin umgerechnet fast 100 Mio. € für die Reparatur des Wassernetzes zur Verfügung. Mari möchte weiterhin politisch aktiv sein und im Jahr 2044 sogar für das Präsidentschaftsamt kandidieren. Sauberes Wasser wird eines ihrer wichtigsten Wahlkampfthemen sein.

18 WEGE ZUM WASSERSPAREN

1. **Nicht runterspülen.** »Wenn es gelb ist, bleibt es stehen; wenn es braun ist, darf es gehen!« – diese Regel gilt natürlich nicht, wenn du in der Öffentlichkeit oder zu Besuch bei Freunden bist!

2. **Kleider mehrfach tragen.** Kontrolliere abends deine Klamotten und zieh alles, was noch überwiegend sauber ist, ein weiteres Mal an. In die Wäsche kommen nur Sachen, die ordentlich dreckig sind!

3. **Seltener baden.** Es genügt, wenn du dich ein- oder zweimal pro Woche in die Wanne legst – außer, du bist wirklich sehr schmutzig.

4. **Pflanzen mit Badewasser gießen.** Lass dein Badewasser nicht einfach in den Abfluss rauschen, sondern schöpf es aus der Wanne und verwende es zum Bewässern von Pflanzen in Haus und Garten. Natürlich nur, wenn kein Schaumbad oder Shampoo darin ist!

5. **Duschen.** In der Dusche verbrauchst du viel weniger Wasser, vor allem, wenn du dich beeilst.

6. **Handtücher mehrfach verwenden.** Benutz dasselbe Handtuch eine ganze Woche lang. Schließlich kommst du jedes Mal sauber aus der Dusche! Wenn du es zum Trocknen aufhängst, ist es bis zum nächsten Tag wieder einsatzbereit.

7. **Wasserhahn beim Zähneputzen zudrehen.** Allein das kann täglich mehrere Liter einsparen!

8. **Tropfdetektiv werden.** Lausche, ob irgendwo Wasser tropft, und gib jemandem Bescheid, falls du ein Leck entdeckst.

9. **Spülmaschine vollräumen.** Ein Spülgang in der Maschine verbraucht weniger Wasser als das Spülen von Hand – aber achte darauf, dass die Maschine voll ist, ehe du sie einschaltest. Wenn du sie anschließend auch noch ausräumst, punktest du bei deinen Eltern!

10. **Ein und dasselbe Glas verwenden.** Schnapp dir nicht jedes Mal, wenn du durstig bist, ein neues Glas – nimm eines und füll es über den Tag hinweg immer wieder auf. Je weniger Geschirr zum Spülen anfällt, desto geringer der Wasserverbrauch.

11. **Lieber nachschenken als wegschütten.** Besser, du trinkst erst einmal ein halbes Glas und gießt dir nach, als vollzuschenken und dann auszukippen!

12. **Kaltes Wasser im Kühlschrank bereithalten.** Wenn du dir kaltes Wasser aus dem Hahn ziehst, verschwendet das Energie. Stell lieber einen Krug mit Wasser in den Kühlschrank und bediene dich daran.

13. **Kein sauberes, unbenutztes Wasser wegschütten.** Nutz es stattdessen, um Pflanzen zu gießen oder den Haustiernapf zu füllen.

14. **Obst und Gemüse in einer Schüssel mit sauberem Wasser waschen.** Das ist sparsamer, als den fließenden Wasserstrahl zum Abspülen zu nutzen.

15. **Eigene Lebensmittel anbauen.** Gärtnern macht Spaß, und Beete benötigen weniger Wasser als Rasenflächen, die gesprengt werden müssen.

16. **Auf Spritzpistolen verzichten.** Eine Wasserschlacht damit macht Spaß, ist leider aber auch eine riesige Verschwendung.

17. **Regenwasser sammeln.** Bitte deine Eltern, eine Regentonne aufzustellen, um den nassen Nachschub vom Himmel aufzufangen.

18. **Auf den Schlauch verzichten.** Spar Wasser, indem du dein Fahrrad mit Eimer und Lappen statt mit dem Strahl aus dem Schlauch putzt.

HOFFNUNG STATT HASS

Nach einem Amoklauf an einer Highschool in Florida im Jahr 2018 organisierten die überlebenden Schüler Streiks an Dutzenden von Schulen im ganzen Land, um gegen Waffengewalt zu protestieren. Später schlossen sich mehr als eine Million Menschen dem sogenannten »March For Our Lives« (zu Deutsch: »Marsch für unser Leben«) in der US-Hauptstadt Washington, D. C. an. Die Demonstration verlief friedlich und gewaltlos – ein Aufruf an die ganze Welt, Schusswaffen zu verbieten und Hoffnung statt Hass zu wählen.

Diese Schülerproteste inspirierten Greta Thunberg zu einer ähnlichen Aktion in Schweden, mit der sie auf den Klimawandel aufmerksam machen wollte. Und schau dir nur an, was daraus geworden ist! Inzwischen ist Greta Anführerin einer wachsenden globalen Gruppe junger Weltveränderer. **Eine kleine Tat kann etwas RIESIGES lostreten.**

Friedensaktivisten setzen sich an vielerlei Fronten ein. Sie kämpfen dafür, dass Kriege beendet werden und Gewalt aufhört; sie treten gegen Rassismus ein und machen sich gegen Mobbing und Hassverbrechen stark. Aus ihrer Sicht ist die Erde ein kleiner Planet mit begrenzten Ressourcen. **Wir müssen in Frieden und Harmonie miteinander leben. Wir müssen uns zusammenraufen und an einem Strang ziehen, um die Probleme unserer Erde zu bewältigen.**

Unsere Welt braucht Frieden und Hoffnung dringender denn je – doch wo sollen wir anfangen? Der beste Rat: im Kleinen. Vor der eigenen Haustür. Veränderungen in deiner unmittelbaren Umgebung – zu Hause, in der Schule oder deiner Gemeinde – führen womöglich zu Veränderungen von größerem Ausmaß, als du es dir je erträumt hättest.

Führungspersönlichkeiten wie Mahatma Gandhi, Nelson Mandela und Dr. Martin Luther King Jr. teilten allesamt die feste Überzeugung, dass wir unsere Welt mit Würde und Liebe verändern können – nicht mit Hass. Gandhi hat es einmal so ausgedrückt: **»Wie die Zukunft aussieht, hängt von dem ab, was du heute tust.«**

HAVANA CHAPMAN-EDWARDS

Geboren: 2011   **Heimat:** USA
Aktion: protestiert gegen Waffengewalt

»MAG SEIN, DASS DU WINZIG BIST – DEINE STIMME IST ES NICHT.«

Im Alter von sieben Jahre zog Havana erstmals die Aufmerksamkeit der Medien auf sich – damals nämlich marschierte sie als einziges Kind an ihrer Schule aus dem Unterricht, um zu protestieren. Sie wollte sich für die afroamerikanischen Opfer bewaffneter Auseinandersetzungen starkmachen – denn auch ihr eigener Cousin war bereits vor seinem 20. Geburtstag erschossen worden. Dass das Thema ihre Klassenkameraden nicht ebenso empörte wie sie, enttäuschte Havana sehr.

Sie zog sich einen orangefarbenen Astronautenanzug an – in der Farbe, die traditionell zum Gedenken an die Opfer und Überlebenden von Waffenkriminalität getragen wird – und bat ihre Mum, ein Foto von ihr zu machen. Dieses Bild posteten sie bei Twitter mit der Unterschrift: »An meiner Schule bin ich die Einzige – aber ich bin nicht allein.« Der Tweet verbreitete sich rasant, und wenig später wurde Havana eingeladen, bei einer großen Kundgebung in Washington, D. C. zu sprechen. Auch in der Sonderausgabe zum Thema »Waffen in Amerika« der Zeitschrift *TIME* wurde sie porträtiert.

TOKATA IRON EYES

Geboren: 2003   **Heimat:** USA
Aktion: erhebt ihre Stimme für die Rechte und die Kultur der amerikanischen Ureinwohner

Bei einem Klimakrisentreffen in der Pine Ridge Reservation, einem Indianerreservat im US-Bundesstaat South Dakota, begegnete Tokata erstmals Greta Thunberg. Sofort spürte sie, dass die junge Aktivistin ihre Seelenverwandte war, und sie lud sie ein, das Gebiet ihrer Vorfahren zu besuchen.

Eine blauäugige Europäerin auf jenem Boden willkommen zu heißen, der vielen amerikanischen Ureinwohnern heilig ist, war eine ziemlich große Sache. Jahrhundertelang hatten Weiße das Land ausgeplündert und zerstört, ohne dass den dort beheimateten Stämmen auch nur Gehör geschenkt wurde. Tokata war bereits im Alter von neun Jahren zur Weltverändern geworden und hatte sich gegen den Abbau von Uran eingesetzt. Ihre neu begründete Freundschaft mit Greta vermittelte eine klare Botschaft: »Sie ist eine von uns.«

»WIR MÜSSEN ENDLICH BEGREIFEN, DASS WIR ALLE IN DERSELBEN MANNSCHAFT SPIELEN UND EIN GEMEINSAMES ZIEL VERFOLGEN.«

JOCELYN GOLDSTEIN UND ELSIE LUNA

Geboren: 2007 und 2009 **Heimat:** England
Aktion: haben gemeinsam »XR Kids« gegründet

Als Jocelyn zum ersten Mal von Greta Thunbergs Einzelprotest in Stockholm hörte, wurde ihr klar, dass jeder gegen den Klimawandel kämpfen kann. Sie schloss sich der Umweltbewegung »Extinction Rebellion« – kurz XR – an, inspiriert von den friedlichen (aber oft umstrittenen) Demonstrationen der Gruppe in ganz Großbritannien. Außerdem freundete sie sich mit Elsie Luna an, nachdem die beiden sich bei einem Treffen von »XR Youth«, der Unterorganisation für junge Umweltaktivisten, kennengelernt hatten.

Allerdings gab es keine anderen Weltveränderer in ihrem Alter bei »XR Youth« – deshalb beschlossen Jocelyn und Elsie, dass sie ebenso gut ihre eigene Abteilung gründen konnten. »XR Kids« (XRK) ist noch recht neu, hat aber in den sozialen Medien bereits Tausende von Followern.

BANA ALABED

Geboren: 2009 **Heimat:** Syrien
Aktion: hat mitten aus dem Kriegsgebiet getwittert

Banas Heimatstadt Aleppo war einer der Hauptschauplätze des syrischen Bürgerkriegs. Ihr Haus wurde bombardiert, während sie darin spielte. Später wurde ihre beste Freundin getötet, und die Kinder durften nicht mehr zur Schule gehen.

Ende 2016 begann Bana, auf Twitter zu posten. Ihre Mutter half ihr dabei, anhand von Tweets die Luftangriffe, den Hunger und die Angst zu dokumentieren – und ihre Träume von einer normalen, friedlichen Kindheit bewegten Herzen in aller Welt. Zusammen mit ihrer Familie floh Bana schließlich in die Türkei, wo sie ein Buch schrieb: *Dear World: A Syrian Girl's Story of War and Plea for Peace* (zu Deutsch: »Liebe Welt: Die Kriegsgeschichte und Friedensbitte eines syrischen Mädchens«).

2019 wurde Bana mit dem »Diana Award« ausgezeichnet, und sie setzt sich weiterhin für Kinderrechte und den Weltfrieden ein.

25 AKTIONEN FÜR DEN FRIEDEN

1. Akzeptiere, dass Menschen auch unterschiedliche Meinungen zu einem Thema haben können.

2. Sei nett und teilnahmsvoll, wann und wo immer du kannst.

3. Mach Yoga oder meditiere, um innerlich zur Ruhe zu kommen.

4. Schreib einen Artikel über Frieden für deine Schülerzeitung.

5. Poste ein inspirierendes Zitat zum Thema Frieden in einem sozialen Netzwerk.

6. Geh zu einer Friedensdemonstration.

7. Hör dir entspannende Musik oder Naturklänge an.

8. Lern eine Fremdsprache oder schau dir einen Film mit Untertiteln an.

9. Sag Nein zu brutalen Filmen oder Computerspielen.

10. Bewirke Gutes, indem du dich ehrenamtlich engagierst.

11. Schreibe an einen Politiker aus deinem Wahlkreis oder auf Bundesebene.

12. Sammele Geld und spende es an eine Hilfsorganisation.

13. Bewerte nicht nur Taten, sondern auch die Absichten dahinter.

14. Hilf, wenn du bemerkst, dass jemand in Schwierigkeiten steckt.

15. Gönn dir eine Pause von Nachrichten, im Fernsehen oder auch aus der Zeitung.

16. Verbreite positive Geschichten am Esstisch oder in der Schule.

17. Verwandele dein Zimmer in eine ruhige und ordentliche Rückzugsoase.

18. Trag ein T-Shirt mit einer Botschaft, die Frieden oder Hoffnung vermittelt.

19. Bemühe dich, nicht über andere zu urteilen.

20. Lies Bücher über Frieden oder Friedensstifter.

21. Verzeih anderen, auch wenn das schwerfällt.

22. Gestalte etwas Künstlerisches – ein Bild, Gedicht oder Lied – zum Thema Frieden.

23. Besuch ein Museum oder reise, um mehr über fremde Kulturen zu erfahren.

24. Organisiere ein Gemeinschaftsprojekt, das sich um Frieden dreht – zum Beispiel ein Gruppenwandbild.

25. Entschuldige dich – und meine es auch so!

REDESTEINE ROCKEN!

Wenn das nächste Mal bei dir zu Hause dicke Luft herrscht, nutz einen Redestein (oder Redestab), um den Frieden wiederherzustellen.

Such dir einen hübschen Stein und verziere ihn vielleicht noch mit Farbe, Stickern oder Schleifen. Wer dann den Stein in der Hand hält, darf sprechen, ohne unterbrochen zu werden. Anschließend wird der Redestein weitergereicht. Klingt verrückt, hilft aber wirklich!

FRIEDLICHER PROTEST FÜR ANFÄNGER

Boykott. Weigerung, etwas Bestimmtes zu kaufen oder eine Dienstleistung zu nutzen. Man kann zum Beispiel einen Zirkus mit Wildtiernummern boykottieren.

Demonstration. Zusammenkunft einer großen Menschenmenge, um Unzufriedenheit über etwas zu zeigen. Ein Beispiel: der »March For Our Lives« in Washington, D. C. für strengere Waffengesetze.

Hashtag-Aktivismus. Verbreitung wichtiger Informationen über soziale Medien – etwa im Rahmen der #FridaysForFuture-Bewegung.

Medienberichterstattung. Nutzung der Medien – Zeitungen, Zeitschriften, Fernsehen, Internet und Radio – zur öffentlichen Verbreitung eines Anliegens. Beispielsweise, indem Weltveränderer bei Schülerprotesten Interviews geben.

Petition. Sammlung von Unterschriften auf Papier oder online, um Entscheidungsträgern vor Augen zu führen, wie viele Menschen eine bestimmte Forderung unterstützen.

Streik. Weigerung, zu arbeiten oder zur Schule zu gehen. Greta Thunbergs allein begonnener Schulstreik in Schweden ist zum Beispiel zu einer internationalen Bewegung angewachsen.

HEIM-LICHE HELDEN

Dafür, dass jemand sein Zuhause verliert, kann es alle möglichen Gründe geben: Manchmal sind Naturkatastrophen schuld, mal ein Krieg oder eine Kündigung. Einigen Obdachlosen fehlt das Geld, um ihre Miete zu bezahlen, und viele haben niemanden, der sie unterstützt.

Ein Wohnungsloser ist vielleicht ein früherer Soldat, der nach seinem Ausscheiden aus dem Militär nicht weiß, wohin er gehen soll. Oder jemand, der aus einer schlimmen Situation geflohen ist, geistige oder körperliche Gesundheitsprobleme hat. In den meisten Fällen ist Obdachlosigkeit keine freiwillige Entscheidung, sondern ein Weg, auf dem man sich ohne eigenes Verschulden plötzlich wiederfindet. Ein sehr kompliziertes und häufig missverstandenes Thema.

Die meisten von uns können sich nicht einmal vorstellen, wie es wäre, kein Zuhause zu haben oder Tag für Tag ums Überleben kämpfen zu müssen. Leider aber betrifft genau dieses Schicksal Millionen von Menschen in aller Welt – darunter auch Kinder, die vielleicht noch deutlich jünger sind als du. **Einige Dinge, die so viele von uns für selbstverständlich nehmen, wünscht sich woanders jemand von ganzem Herzen.**

Die Frage ist … was kann man gegen Armut und Obdachlosigkeit unternehmen?

Eine Maßnahme, die wir alle treffen können, ist, Mitgefühl und Verständnis aufbringen. Jeder Mensch, der auf der Straße oder in einem Obdachlosenheim lebt, hat seine ganz persönliche Geschichte. Diese Leute brauchen Hilfe, keine Verurteilungen oder Schuldzuweisungen. Alle Menschen – ob wohnungslos oder nicht – verdienen es, mit Würde und Respekt behandelt zu werden. Genau das tun die jungen Weltveränderer auf den folgenden Seiten, jeder auf seine eigene, besondere Weise. Schließ dich ihnen an!

DU
(JA, DU!)
HAST DIE
MACHT,
EINE BESSERE
WELT ZU
ERSCHAFFEN –
FÜR ALLE

KIDS LEGEN LOS

JAHKIL JACKSON
Geboren: 2008   **Heimat:** USA
Aktion: hat das Projekt »I Am« ins Leben gerufen

»IN EINER PERFEKTEN WELT WÜRDE ICH JEDEM OBDACHLOSEN EIN HAUS KAUFEN.«

Gemeinsam mit seiner Tante Essen an Obdachlose in Chicago zu verteilen, öffnete Jahkil die Augen. Er wollte mehr tun – viel mehr. Also fing er damit an, sogenannte »Blessing Bags« (auf Deutsch etwa: »Segenstüten«) zu füllen: kleine Taschen mit ein paar Dingen, die man zum täglichen Leben braucht. Sein Projekt weitete sich schnell auf andere amerikanische Städte aus und versorgte bald auch Waisen und die Opfer von Naturkatastrophen, etwa in Swasiland, Guatemala und Puerto Rico. Zu Beginn des Jahres 2019 hatte Jahkil bereits mehr als 20 000 Tüten verteilt.

Heute ist er Motivationsredner und ermuntert andere Kinder, das Thema Obdachlosigkeit ebenfalls in die Öffentlichkeit zu tragen. Inzwischen ist Jahkil als Jugendbotschafter für eine Organisation zur Armutsbekämpfung aktiv und hat sich auch dem Internationalen Jugendrat angeschlossen. Sein (bisher) beeindruckendstes Erlebnis war eine Ehrung durch Barack Obama.

MALACHI JUSTIN
Geboren: 2009   **Heimat:** England
Aktion: hat die Inspiration zu »Project Malachi« geliefert

»LIEBE HEILSARMEE, HIER SIND 5 £, DIE ICH VON DER ZAHNFEE BEKOMMEN HABE. BITTE KAUFEN SIE DAVON EIN HAUS FÜR JEMANDEN, DER KEIN ZUHAUSE HAT.«

Malachi lebt in einem Stadtteil Londons, in dem es viele Obdachlose gibt. Er machte sich große Sorgen um sie, glaubte aber, dass er nicht viel tun könne, um ihnen zu helfen. Oder doch?

Eines Tages schickte er einen Brief mit beigelegter 5-£-Note an die Heilsarmee, eine Wohltätigkeitsorganisation, und bat die Verantwortlichen darin, mithilfe des Geldes Häuser für Wohnungslose zu kaufen. Diese bescheidene Spende brachte etwas GIGANTISCHES ins Rollen: die Errichtung eines Wohnheims aus 42 umgebauten Schiffscontainern für umgerechnet fast 6 Mio. €! Jede Wohneinheit ist gestaltet wie ein kleines Appartement, mit Bett, Sofa, Bad und Küchenzeile. Auf dem Gelände des Heims findet auch »Recycles« statt – eine Reihe regelmäßiger Workshops, in denen Jugendliche lernen, wie man alte Fahrräder repariert und anschließend verkauft. Beeindruckend, was eine kleine Tat bewirken kann!

SHIREEN UND HASAN ZAFAR

Geboren: 2003 und 2001   **Heimat:** Pakistan
Aktion: haben eine Schule für Straßenkinder gegründet

»WIR SIND DER ÜBERZEUGUNG, DASS JEDER ALLES WERDEN KÖNNEN SOLLTE, WAS ER WILL.«

Shireen und ihr älterer Bruder Hasan wurden an jenem Tag zu Weltveränderern, an dem ein kleiner Junge mit einem verblüffenden Anliegen auf sie zukam. Statt um Geld zu bitten, fragte er: »Könnt ihr mir etwas beibringen?«

In Shireens und Hasans Heimat sind viele Eltern zu arm, um ihre Kinder zur Schule zu schicken. Stattdessen müssen schon die Jüngsten arbeiten oder auf der Straße betteln. Hasan und Shireen beschlossen, in ihrer Freizeit lernwilligen Kindern zu helfen. Sie richteten eine Straßenschule ein – die erste ihrer Art in Pakistan. Der Unterricht beginnt um vier Uhr nachmittags, damit die Schüler weiterhin tagsüber arbeiten und trotzdem eine Ausbildung bekommen können. Inzwischen gibt es zwei Standorte für mehrere Hundert Schüler, und die Geschwister haben sechs Lehrer angestellt.

ADDISYN GOSS

Geboren: 2007   **Heimat:** USA
Aktion: hat sogenannte »Snuggle Sacks« für Obdachlose erfunden

»DASS ICH HELFEN KANN, GIBT MIR HOFFNUNG.«

Ihren Großvater lernte Addisyn erst im Alter von acht Jahren kennen. Damals lebte er in einem Heim für Kriegsveteranen, war zuvor jedoch einige Jahre obdachlos gewesen. Diese erschreckende Tatsache brachte Addisyn auf eine ehrgeizige Idee: Was, wenn es ihr gelingen würde, eine Überlebensausrüstung für Wohnungslose zu entwerfen?

Sie wandte sich mit der Bitte um Sachspenden an die Öffentlichkeit und stellte ihre ersten 50 Snuggle Sacks (zu Deutsch etwa: »Kuscheltaschen«) zusammen. Bald erhielt sie immer mehr Spenden, vor allem, nachdem ein lokaler Radiosender über ihre Mission berichtet hatte. Freunde und Familienmitglieder halfen ihr, die Taschen in nahe gelegenen Heimen und Suppenküchen zu verteilen.

Seit 2015 hat Addisyn mehr als 1000 Wohnungslose mit Snuggle Sacks versorgt. In jeder der Taschen befinden sich Hygieneartikel, Snacks, Flaschen mit Wasser, eine Decke und etwas Warmes zum Anziehen. Außerdem fügt Addisyn eine persönliche Botschaft bei, die folgendes Zitat enthält: »Geben Sie niemals die Hoffnung auf, denn Wunder geschehen jeden Tag.«

ACHT OPTIONEN, OBDACHLOSEN ZU HELFEN

Am ehesten denken die Leute während der Weihnachtsfeiertage an Obdachlose – doch wer auf der Straße lebt, braucht das ganze Jahr über Anteilnahme und Unterstützung. Hier ein paar Vorschläge, wie auch du helfen kannst:

1. **Organisiere eine Essens- oder Kleidersammlung.** Tu dich mit ein paar Freunden zusammen und sammelt in eurer Gemeinde Lebensmittel oder Klamotten, die ihr anschließend an ein Obdachlosenwohnheim spendet.

2. **Nimm dir Zeit für ein Gespräch.** Wenn du einem Obdachlosen etwas zu essen oder ein heißes Getränk anbietest und er es ablehnt, sei nicht beleidigt. Versuch stattdessen, dich einfach einen Augenblick mit ihm zu unterhalten.

3. **Verschenk Kleinigkeiten.** Es gibt noch anderes außer Geld, das du Obdachlosen geben kannst: ein Paar warme Socken, Handwärmer, Handschuhe, eine Mütze oder ein Buch zum Beispiel.

4. **Vergiss tierische Gefährten nicht.** Viele Obdachlose haben vierbeinige Freunde als einzige Gesellschaft bei sich. Halter und Tier sind oft gleichermaßen dankbar für etwas Futter, Leckerlis oder eine weiche Decke als Liegeplatz.

5. **Lächle!** Wohnungslose fühlen sich oft einsam oder schämen sich. Ein Lächeln und ein nettes Wort können einen gewaltigen Unterschied machen, insbesondere, wenn jemand einen schlechten Tag hat.

NICHT VERGESSEN

Wenn du einen Obdachlosen siehst und helfen möchtest, denk daran, dass auch hierbei zu deiner eigenen Sicherheit die üblichen Regeln im Umgang mit Fremden gelten – am besten, du bittest einen Elternteil oder anderen Erwachsenen, dem du vertraust, dich zu begleiten.

Außerdem solltest du denjenigen, dem du etwas Gutes tun willst, zuerst fragen, ob er etwas möchte (oder braucht), bevor du deine Gabe überreichst. Falls dein Geschenk aus irgendeinem Grund abgelehnt wird, lächele einfach und geh weiter!

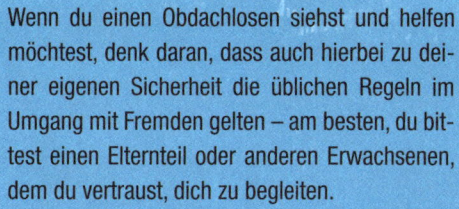

6. **Sei darauf vorbereitet, zu helfen.** Trag Müsliriegel in der Jackentasche oder einer Tüte bei dir, für den Fall, dass du jemandem begegnest, der einen Snack gebrauchen könnte. Auch eine Wasserflasche wird häufig dankbar angenommen. Das Gleiche gilt für kleine Tuben Handcreme, wie du sie beispielsweise auf Reisen im Hotel bekommst. Bitte deine Eltern oder andere Erwachsene, solche für dich zu sammeln.

7. **Hilf zu jeder Jahreszeit.** Durchforste deinen Schrank nach Winterkleidung, die du nicht mehr benutzt, etwa einem Paar Handschuhe, einem Schal oder einer Strickmütze. Steck immer mal etwas davon ein und verschenk es an jemanden in Not. Im Sommer kann ein sauberes T-Shirt jemandem, der den ganzen Tag in der brütenden Hitze verbringt, viel bedeuten.

8. **Sei mitfühlend.** Jeder Mensch, der auf der Straße lebt, hat seine persönliche Geschichte. Ganz egal, weshalb er sein Zuhause verloren hat: Jeder verdient Liebe und Freundlichkeit, selbst wenn er deine Hilfe nicht will.

AUCH KINDER HABEN RECHTE

Jung zu sein, ist großartig, nicht wahr? Das behaupten zumindest die Erwachsenen oft. Allerdings wäre es ein Fehler, zu glauben, dass Kinder es immer einfach haben. Tatsächlich ist das Leben für manche so hart, dass sie überhaupt nicht in den Genuss einer echten Kindheit kommen. Statt Treffen mit Freunden und Partys und Haustieren und anderen schönen Erlebnissen sieht ihr Alltag vielleicht so aus, dass sie …

… in einer Unterkunft auf Zeit, im Auto oder sogar auf der Straße schlafen müssen.

… misshandelt oder den ganzen Tag lang zu harter Arbeit gezwungen werden.

… bereits in jungem Alter heiraten müssen.

… regelmäßig mit leerem Magen zu Bett gehen.

… nie die Chance bekommen, eine Schule zu besuchen.

… an einer Krankheit leiden oder körperlich nicht fit sind.

Kinder haben etwas Besseres als ein solches Leben verdient. Etwas **VIEL** Besseres. Deshalb haben führende Politiker sich einst zusammengesetzt und einen besonderen Vertrag entworfen, die sogenannte UN-Kinderrechtskonvention. Beinahe 200 Staaten haben dieses Papier unterzeichnet, was es zum weitestreichend anerkannten Menschenrechtsabkommen in der Geschichte macht. Darin werden vier Grundrechte festgelegt, die jedem Kind zustehen sollen – und damit auch dir:

Jedes Kind hat das Recht auf Leben. Das bedeutet, dass ihm Nahrung, ein Zuhause und gesundheitliche Versorgung zustehen, ebenso wie ein eingetragener Name und eine Staatsangehörigkeit.

Jedes Kind hat das Recht auf Entfaltung seiner Persönlichkeit. Das schließt den Zugang zu Bildung ebenso ein wie die Möglichkeit, zu spielen und einfach Kind zu sein.

Jedes Kind hat das Recht auf Schutz. Kinder sollten niemals benutzt, misshandelt oder vernachlässigt werden. Niemand darf sie zur Arbeit zwingen oder ihnen in irgendeiner Weise Leid zufügen. Jedes Kind verdient es, sich in einer Familie geliebt und geborgen zu fühlen.

Jedes Kind hat das Recht auf Gedankenfreiheit. Kinder sollten in Entscheidungen, die ihr Leben betreffen, mit einbezogen werden und ihre eigenen Vorstellungen und Meinungen haben dürfen.

Kinderrechtsaktivisten setzen sich in aller Welt im Interesse junger Menschen ein. Sie versuchen, ein Bewusstsein für die Lebensbedingungen von Kindern zu schaffen, und fordern Regierungen dazu auf, sich an die Vereinbarungen des Vertrags zu halten. Einige dieser Weltveränderer sind selbst noch sehr jung!

NICHT COOL

Obwohl die **USA** die **UN-Kinderrechtskonvention** unterzeichnet haben, wurde sie dort **niemals offiziell anerkannt**. Damit ist das Land das **einzige** Mitglied der UN, in dem das noch nicht geschehen ist.

KIDS LEGEN LOS

PAYAL JANGID
Geboren: 2001 **Heimat:** Indien
Aktion: macht sich gegen die Kinderehe stark

»WENN ELTERN LIEBEVOLL UND FÜRSORGLICH SIND, SCHAFFEN SIE FÜR IHRE KINDER VIEL BESSERE ENTWICKLUNGSBEDINGUNGEN.«

Weil die Tradition es so vorsah, planten Payals Eltern, sie im Alter von nur elf Jahren zu verheiraten – doch sie wollte das AUF KEINEN FALL! Als ihre Familie nachgab, machte sie es sich zur Mission, auch die Rechte anderer Kinder schützen zu helfen. Sie organisierte Kundgebungen und Proteste und wurde zur Wortführerin des Kinderparlaments ihres Dorfes gewählt.

Bei einem Indienbesuch des damaligen US-Präsidenten Barack Obama und seiner Frau Michelle im Jahr 2015 erhielt Payal die Chance, die beiden zu treffen. Nachdem Michelle Obama sie in die Arme geschlossen hatte, bezeichnete Payal sich als glücklichstes Mädchen ganz Indiens! Im September 2019 wurde Payal als erste Inderin mit dem »Changemaker Award« der Stiftung von Bill und Melinda Gates ausgezeichnet.

HANNAH LÜBBERT
Geboren: 2001 **Heimat:** Deutschland
Aktion: fordert eine bessere Zukunft für ihre Generation

»KINDER UND JUGENDLICHE HABEN EINEN GANZ EIGENEN ERFAHRUNGSHORIZONT, DER ENDLICH ANERKANNT WERDEN SOLLTE.«

Durch die #FridaysForFuture-Proteste wurde Hannah bewusst, dass auch sie etwas tun will – und zwar für die Welt und für alle Kinder und Jugendlichen. Deshalb wurde sie Mitglied des Jugendrates der »Generationen Stiftung«. Hannah möchte besonders jungen Menschen eine Stimme geben. Das macht sie so gut, dass sie inzwischen sogar zur Sprecherin des Jugendrates ernannt wurde. Die Forderungen ihrer Generationen vertritt Hannah seither auf Bundespressekonferenzen!

Hannah und ihr Team haben so einige Wünsche an die deutsche Regierung auf dem Zettel. Neben dem Klimaschutz steht darauf zum Beispiel auch das Kinderwahlrecht. Denn wenn Kids und Teenager nicht selbst über ihre Zukunft abstimmen dürfen – wie sollen sie dann später in einer Welt leben, die zu ihnen passt? Hannah will sich weiter für diese und andere Veränderungen starkmachen und nicht aufhören, bis hinter jedem ihrer Punkte ein Häkchen steht.

KIM YOON-SONG

Geboren: 2003   **Heimat:** Südkorea
Aktion: kämpft für ein Jugendwahlrecht

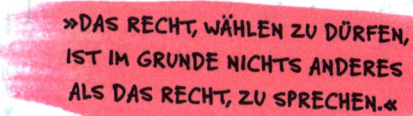

>»DAS RECHT, WÄHLEN ZU DÜRFEN, IST IM GRUNDE NICHTS ANDERES ALS DAS RECHT, ZU SPRECHEN.«

Um gegen das gesetzlich festgelegte Wahlalter in ihrer Heimat – 19 Jahre – zu protestieren, rasierte Yoon-Song sich öffentlich den Kopf. Erst vor Kurzem hat sie ihre Familie und ihre Schule verlassen, nachdem sie von ihren Eltern und Lehrern viele Jahre lang misshandelt worden war. Schon für kleinste Fehler war sie bestraft worden – etwa, wenn sie ihre Meinung gesagt oder auch nur ihre Milch nicht schnell genug getrunken hatte.

Yoon-Song und andere Weltveränderer sind der Ansicht, dass die koreanische Gesellschaft ihre Jugend ignoriert, schlecht behandelt und diskriminiert. Das mag einer der Gründe dafür sein, dass Südkorea eine der höchsten Selbstmordraten unter Jugendlichen weltweit aufweist. Yoon-Song hofft, dass die Senkung des Wahlalters auf 16 Jahre zu weniger Misshandlungen führen und Teenagern mehr Mitbestimmung über ihr eigenes Leben ermöglichen wird.

MILLIE BOBBY BROWN

Geboren: 2004   **Heimat:** England
Aktion: nutzt ihre Bekanntheit, um anderen Kids zu helfen

Als Schauspielerin wurde Millie bereits für den »Emmy« nominiert, doch auch ihr Leben war nicht immer einfach. Als junges Mädchen wurde sie von »seelenfolternden« Mitschülern so sehr gemobbt, dass sie die Schule wechseln musste. Sie entwickelte eine massive Angststörung, zog daraus jedoch auch die Motivation, Weltveränderin zu werden.

Im Alter von 14 Jahren wurde Millie zur jüngsten UN-Sonderbotschafterin aller Zeiten ernannt und von der Zeitschrift *TIME* in die Liste der 100 einflussreichsten Persönlichkeiten der Welt aufgenommen. Bei den »Kids' Choice Awards 2018« forderte sie in ihrer Rede schärfere Waffengesetze und drehte sich dann um, sodass auf der Rückseite ihres T-Shirts die Namen aller 17 Opfer des Amoklaufs an der Marjory Stoneman Douglas School zu lesen waren. Millie postet in den sozialen Netzwerken zu den Themen, die ihr am meisten am Herzen liegen, etwa Mädchenbildung, Klimawandel und Cyber-Mobbing. Sie möchte sicherstellen, dass jedes Kind seine Rechte kennt!

>»DIE WELT KANN MANCHMAL EIN FURCHTERREGENDER ORT SEIN, ABER ES IST WICHTIG, SICH SEINE HOFFNUNG ZU BEWAHREN UND NETT ZU ANDEREN ZU SEIN.«

TIPPS FÜR GESCHICHTEN- ERZÄHLER

Was haben sämtliche jungen Weltveränderer in diesem Buch gemeinsam? Sie alle wissen, wie man mit Leuten redet und eine gute Geschichte erzählt. Ganz gleich, ob es darum geht, eine Präsentation zu halten, ein Medieninterview zu geben, die Menge bei einer Demonstration anzuheizen oder zusammen mit anderen Weltveränderern neue Vorgehensstrategien zu entwerfen – immerzu gelten dieselben Grundprinzipien:

Bring eine Botschaft mit. Das Wichtigste zuerst: Was willst du vermitteln? Du solltest immer mindestens eine Hauptaussage haben, zum Beispiel: »Indem wir Plastik vermeiden, retten wir Wildtieren das Leben.« Konzentrier dich auf das Wesentliche – zu viele Botschaften auf einmal sind genauso ungünstig, wie überhaupt keine zu haben.

Erzähl eine Geschichte. Eine gute Geschichte braucht Einleitung, Hauptteil und Schluss – und dasselbe gilt für eine Rede oder ein Interview. Du könntest beispielsweise zuerst erklären, wodurch dein Interesse an einem bestimmten Thema geweckt wurde, und dann davon berichten, wie du dich eingehender darüber informiert hast, bevor du zum Schluss anführst, was du inzwischen tust, um in genau dieser Sache etwas zu bewegen.

Such den Kontakt. Auch wenn du derjenige bist, der die meiste Zeit sprechen wird, solltest du deine Rede als Unterhaltung mit deinem Publikum betrachten. Denk immer daran, wer dir zuhört, und formuliere so, dass du gut verstanden wirst.

Übe, übe, übe! In der Öffentlichkeit zu sprechen, ist ein bisschen wie Fahrradfahren – eine Fähigkeit, die man erst erlernen muss. Probe deine Rede vor ein paar Freunden oder deinem Spiegel oder filme dich selbst dabei. Je häufiger du das tust, desto selbstbewusster und wohler wirst du dich dabei fühlen.

Fass dich kurz. Viele Leute haben eine kurze Aufmerksamkeitsspanne – also komm so rasch wie möglich auf den Punkt!

ONE YOUNG WORLD

Die **GENERATION HOPE** ist die am besten informierte, ausgebildete und vernetzte Generation in der menschlichen Geschichte. »One Young World« ist ein globales Forum für zukünftige Führungspersönlichkeiten. Auf dem Jahresgipfel kommen stets die cleversten jungen Köpfe aus mehr als 190 Ländern zusammen.

VIELLEICHT WIRST NÄCHSTES JAHR AUCH DU EINGELADEN?

»WIR STREIKEN HEUTE, WEIL WIR UNSERE HAUSAUFGABEN GEMACHT HABEN – UND DIE POLITIKER NICHT.«

GRETA THUNBERG

RADIKAL NETT

Wer radikal nett ist, strengt sich ganz besonders an, zu jedem freundlich und hilfsbereit zu sein – sogar zu Fremden. Es geht darum, Menschen gut zu behandeln, auch wenn sie diese Haltung nicht erwidern. Das macht das Konzept so »radikal«. Stell es dir quasi als Gegenteil von Mobbing vor.

Vollkommen egal, wer oder wie alt du bist und woher du stammst, ein Weltveränderer kannst du allemal werden – schon allein durch pure Freundlichkeit. In dir schlummert die Macht, deine Schule, dein Wohnviertel und deine Gemeinde zu verändern und zu einem schöneren Ort für alle zu machen. Einem Ort, der einladender, warmherziger und toleranter ist.

Ein gutes Beispiel für radikale Freundlichkeit ist die Geschichte vom Seestern. Kennst du sie?

Ein Mann ging eines Tages am Strand entlang, als er einen Jungen bemerkte, der etwas aufhob und ins Meer warf. Er fragte: »Was tust du da?« Der Junge antwortete: »Ich werfe Seesterne zurück ins Meer – wenn ich es nicht tue, sterben sie.« Der Mann lachte. »An diesem Strand liegen Hunderte und Aberhunderte von Seesternen! Da machst du allein keinen Unterschied.« Der Junge hörte höflich zu, hob dann einen weiteren Seestern auf und warf ihn ebenfalls ins Wasser. Er lächelte und sagte: **»Für diesen einen habe ich einen Unterschied gemacht.«**

Damit ist es offiziell: Mitgefühl ist cool. Keiner von uns kann je genau wissen, was ein anderer gerade durchmacht. Eine kleine freundliche Geste bedeutet diesem anderen womöglich sehr viel. Deshalb kann radikale Nettigkeit ebenso mächtig und wichtig sein wie jede sonstige Form von Aktivismus, zum Beispiel die **#FridaysForFuture**-Streiks.

In Zeiten, in denen mehr schlimme als schöne Taten es in die Schlagzeilen schaffen, brauchen wir Menschen wie dich, um wieder ein wenig positive Energie in die Welt hinauszutragen. Dringender als je zuvor.

IN EINER WELT, IN DER DU

ALLES SEIN KANNST,

SEI NETT!

KIDS LEGEN LOS

CODY MCMANUS

Geboren: 2010   **Heimat:** Schottland
Aktion: sammelt Spielzeug für arme Kinder

Cody liebt Weihnachten und war schockiert, als er erfuhr, dass einige Kinder keine Geschenke bekommen. Er beschloss, etwas zu unternehmen, und organisierte »Cody's Christmas Box«: Cody ist leidenschaftlicher Boxer, und er setzte es sich zum Ziel, einen kompletten Boxring mit gespendeten Spielzeugen und Geschenken zu füllen. Die Kampagne war ein gigantischer Erfolg – mehr als 2000 Spielsachen kamen zusammen.

Doch Cody reichte das noch nicht. Nach wie vor schreibt er Hunderte von Briefen und bittet darin Einzelpersonen und Unternehmen, ihm dabei zu helfen, anderen zu helfen – und seine Weihnachtsaktion wird von Jahr zu Jahr größer. Außerdem sammelt er Geld, indem er sich anderen Herausforderungen stellt – so ist er zum Beispiel 58 km mit dem Fahrrad von Edinburgh nach Falkirk gefahren. Als Anerkennung für seinen selbstlosen Einsatz wurde Cody 2018 mit dem »Diana Award« geehrt.

CAMPBELL REMESS

Geboren: 2004   **Heimat:** Australien
Aktion: näht Trostteddys für Kinder

Als Campbell neun war, wollte er gern ein paar Spielsachen für Kinder kaufen, die Weihnachten im Krankenhaus verbringen mussten. Doch da er acht Brüder und Schwester hat, konnten seine Eltern sich das nicht leisten. Campbell nahm die Sache selbst in die Hand: Er suchte sich online einige Schnittmuster für Teddybären und brachte sich an der Nähmaschine seiner Mum auf eigene Faust das Nähen bei.

Inzwischen hat Campbell so viele Bären genäht und verschenkt, dass er das Zählen längst aufgegeben hat. Außerdem hat er seine eigene Wohltätigkeitsorganisation – »Project 365« – gegründet, mit dem Ziel, ein Jahr lang täglich einen Teddy herzustellen. Mittlerweile gehen seine Trostbären an Familien mit kranken Kindern oder an Krebspatienten. Und einige seiner Teddys haben sogar die Reise ins Ausland angetreten!

FAITH DICKINSON

Geboren: 2003   **Heimat:** Kanada
Aktion: hat »Cuddles for Cancer« ins Leben gerufen

Faith war neun, als ihre Tante an Krebs erkrankte. Damals nähte Faith ihr eine weiche, kuschelige Decke, die ihre Tante liebte – sie brachte ihr Trost und wärmte sie während der Therapie. Faith wollte, dass auch andere sich geliebt und besonders fühlen konnten, und kam so auf die Idee zu »Cuddles for Cancer«.

Bis heute hat Faith mehr als 4000 Kuscheldecken produziert und in über 30 Länder rund um den Globus verschickt. Zuerst fertigte sie die Decken ausschließlich für Krebspatienten, aber inzwischen gehen sie auch an Menschen mit anderen Krankheiten und Leiden.

Kriegsveteranen und Soldaten erhalten von ihr ebenfalls Carepakete mit Decken – als kleine, von Herzen kommende Erinnerung daran, dass jemand an sie denkt. Und, wie Faith gern sagt: »Jeder verdient es, geknuddelt zu werden.« Im Jahr 2017 erhielt sie den »Diana Award« und war sogar zur Hochzeit von Prinz Harry und Herzogin Meghan eingeladen.

LIAM HANNON

Geboren: 2007   **Heimat:** USA
Aktion: hat »Liam's Lunches of Love« aus der Taufe gehoben

Alles fing damit an, dass Liams Dad ihm sagte, er solle sich eine sinnvolle Beschäftigung für die Ferien suchen, wenn er schon nicht ins Sommercamp fahren wolle. Also überlegte sich Liam eine Strategie, um den Obdachlosen seines Viertels ein wenig Liebe zukommen zu lassen. Mit 20 braunen Papiertüten startete er »Liam's Lunches of Love«: In jeder Tüte befanden sich ein Sandwich mit Erdnussbutter und Marmelade, ein Snack, ein Stück Obst und eine Flasche Wasser. Außerdem hatte Liam auf sämtliche Tüten einen fröhlichen Gruß geschrieben.

Die Essenspakete kamen so gut an, dass Liam schon bald einen größeren Handwagen zum Verteilen brauchte und eine Kampagne bei »GoFundMe« startete, um ihn zu finanzieren. Mit seinem neuen, solarbetriebenen Karren gibt er inzwischen bis zu 70 warme Mahlzeiten pro Tag aus. Mittlerweile hat Liam über 4000 kostenlose Mittagessen verteilt, und er macht munter weiter. 2019 inspirierte er mit seiner »Million Lunch Challenge« zudem viele andere, sich seinem Kampf gegen den Hunger ebenfalls anzuschließen!

50

SPONTANE NETTIGKEITEN

1. Wenn du in der Schule jemanden allein sitzen siehst, lade ihn an deinen Tisch ein.

2. Mach jemandem ein ehrliches Kompliment.

3. Bedank dich mit einer kleinen Notiz bei jemandem, der dir geholfen hat.

4. Mach den Abwasch oder bring den Müll nach draußen – ungebeten.

5. Weise jemanden auf offene Schnürsenkel oder Reißverschlüsse am Rucksack hin.

6. Grüß deine Nachbarn, selbst wenn du sie nicht gut kennst.

7. Sag Hallo zu einem Mitschüler, mit dem du normalerweise wenig zu tun hast.

8. Spende Bücher, die du nicht mehr liest, an einen Hort oder eine Kinderklinik.

9. Lass deinen Bruder oder deine Schwester das Fernsehprogramm wählen.

10. Setz dich für jemanden ein, der in der Schule gemobbt wird.

11. Schick einem entfernten Verwandten eine Postkarte.

12. Back Kekse für deinen Lehrer.

13. Spende Spielzeug an eine Obdachlosenunterkunft.

14. Schenk jemandem ein Lächeln – einfach so.

15. Bedank dich beim Busfahrer.

16. Hilf deinem Nachbarn mit den Mülltonnen.

17. Erzähl jemandem zur Aufmunterung einen Witz.

18. Bring für deine Eltern beim Einkaufen den Wagen zurück.

19. Frag deine Mum oder deinen Dad, wie ihr oder sein Tag war.

20. Heb Müll vom Boden auf.

21. Stell ein Vogelhäuschen im Garten auf.

22. Verzeih jemandem, der dich verärgert oder verletzt hat.

23. Halte jemandem die Tür auf.

24. Nimm einen Extra-Müsliriegel mit und gib ihn einem Obdachlosen.

25. Räum dein Zimmer auf, bevor du dazu aufgefordert wirst.

26. Schreib mit Straßenkreide eine positive Botschaft auf den Bürgersteig.

27. Reche Laub oder schaufele Schnee für einen älteren Nachbarn.

28. Lies deinem Haustier eine Geschichte vor.

29. Richte vor deinem Haus einen kleinen Bücherschrank ein, aus dem jeder sich bedienen darf.

30. Sag jemandem, dass dir seine Klamotten gefallen.

31. Betätige dich ehrenamtlich.

32. Schreib ein Gedicht für einen Freund.

33. Pack ein Carepaket für einen Obdachlosen.

34. Sammle Geld für eine Hilfsorganisation, die du gut findest.

35. Falls du in etwas besonders gut bist – bring es einem Freund bei.

36. Mal eine Blume für jemanden, den du magst.

37. Lass deine Geschwister beim Spielen anfangen.

38. Kümmere dich um das Haustier deiner Nachbarn, wenn sie wegfahren.

39. Sammele Konservendosen und spende sie an eine Tafel.

40. Überrasche deine Familie mit einem selbst gemachten Nachtisch.

41. Bastle eine Genesungskarte.

42. Steh an einem Schultag auf, ohne zu nörgeln.

43. Schließ jemanden, den du lieb hast, fest in die Arme.

44. Besuch jemanden in einem Pflegeheim.

45. Gib ein Bibliotheksbuch zurück – und lass einen Zettel mit einer netten Botschaft zwischen den Seiten liegen.

46. Lies einem jüngeren Kind ein Bilderbuch vor.

47. Lass in der Kassenschlange jemanden vor, der weniger Artikel hat als du.

48. Poste etwas Nettes in einem sozialen Netzwerk.

49. Vergiss nie, Bitte und Danke zu sagen.

50. Sag jemandem, dass du ihn liebst.

WILDTIER–RETTER

HEUTZUTAGE VERLIEREN WIR BEKANNTE TIERARTEN SCHNELLER, ALS WIR NEUE ENTDECKEN. FORSCHER SCHÄTZEN, DASS IN WENIGER ALS 50 JAHREN RUND 60 PROZENT ALLER DERZEITIGEN SPEZIES WELTWEIT VERSCHWUNDEN SEIN WERDEN. UND BEI DIESEM TEMPO WERDEN INNERHALB NUR WENIGER JAHRZEHNTE EINE MILLION ARTEN AUSGESTORBEN SEIN. DOCH WER TRÄGT DIE SCHULD? WIR. DIE JUGEND VON HEUTE WIRD EINES TAGES ZUR NÄCHSTEN GENERATION VON ZOO-LOGEN, BIOLOGEN, UMWELT- UND ARTENSCHÜTZERN WERDEN, UND VIELE JUGENDLICHE SIND BEREITS HEUTE AKTIV, UM WILDITERE ZU SCHÜTZEN – BEVOR ES ZU SPÄT IST.

»JEDE DEINER TATEN MACHT EINEN UNTERSCHIED, UND DU MUSST ENTSCHEIDEN, WIE DIESER UNTERSCHIED AUSSEHEN SOLL.«

Jane Goodall

WILDTIERAKTIVISTEN KONZENTRIEREN SICH BEI IHREM ENGAGEMENT VOR ALLEM AUF VIER HAUPTPROBLEMBEREICHE:

Selfies mit exotischen Tieren. Viele Tiere – sogar vom Aussterben bedrohte Arten – werden aus ihrem natürlichen Lebensraum verschleppt und als Requisiten zum Halten, Streicheln und Kuscheln für Selfies verkauft. Touristen ist oftmals überhaupt nicht bewusst, dass ihr schneller Schnappschuss einen hohen Preis hat – nämlich ein grausames Leben in Gefangenhaft für ein unschuldiges Lebewesen.

Bedrohte Arten. Seit dem Jahr 2000 sind das Westafrikanische Spitzmaulnashorn, die Karibische Mönchsrobbe, der Pyrenäensteinbock und andere Arten ausgestorben. Gut möglich, dass SÄMTLICHE Nashornarten noch während deiner Lebenszeit für immer verschwinden werden. Und unzähligen anderen Spezies droht das gleiche Schicksal, wenn wir jetzt nicht handeln.

Verlust von Lebensraum und Lebensgrundlagen. Der Klimawandel und die Produktion von Rohstoffen wie Palmöl führen zu massiven Rodungen, die den Tieren jeden Rückzugsort zum Leben wegnehmen.

Verschmutzung. Millionen von Tieren zu Land und zu Wasser sind bereits an den Folgen der Umweltzerstörung gestorben. Eine Studie hat herausgefunden, dass 90 Prozent aller Seevögel Plastikmüll fressen – und eine Million von ihnen alljährlich daran verendet.

Wir können die Uhr nicht zurückdrehen und wiederbringen, was bereits verloren ist. Aber es wird Zeit, dass wir etwas unternehmen, um weiteren Schaden in der Zukunft zu vermeiden!

KIDS LEGEN LOS

BELLA LACK
Geboren: 2003 **Heimat:** England
Aktion: gibt Wildtieren eine Stimme

> »WIR MÜSSEN DIE NATUR ALS ETWAS SCHÜTZENSWERTES BETRACHTEN, NICHT ALS ETWAS, DAS WIR AUSBEUTEN DÜRFEN.«

Schon von klein auf ist Bella von der Natur und wilden Tieren fasziniert. Der Wendepunkt in ihrem Leben war, als sie mit elf Jahren einen Film über den Anbau von Ölpalmen und die katastrophalen Folgen für Orang-Utans sah. Daraufhin überwand sie ihre Schüchternheit und hielt in der Schule ein Referat über die Menschenaffen.

Das war der Start in ein Leben als Weltveränderin. Bella richtete sich Accounts auf Twitter und Instagram ein, auf denen sie über Wildtiere informierte, um andere ebenfalls mit wichtigem Wissen zu versorgen. Ihre Reichweite in den sozialen Medien wuchs und wuchs – so stark, dass sie gebeten wurde, als Jugendbotschafterin für die Stiftung der Schimpansenforscherin Jane Goodall aufzutreten, ebenso wie für weitere Tierschutzorganisationen, etwa die »RSPCA«, die »Ivory Alliance« und die »Born Free Foundation«. Inzwischen hat Bella den Schutz wilder Tiere und ihrer Lebensräume zu ihrer persönlichen Lebensmission erklärt.

ANYA DE SARAM-LARSSEN
Geboren: 2005 **Heimat:** Sri Lanka
Aktion: hat den »EleFriendly Bus« ins Leben gerufen

> »ICH MÖCHTE, DASS AUCH ZUKÜNFTIGE GENERATIONEN MIT DIESEN RIESIGEN, WUNDERSCHÖNEN GESCHÖPFEN ZUSAMMENLEBEN KÖNNEN.«

In den ländlichen Regionen Sri Lankas verpassen Kinder manchmal den Schulunterricht, weil ihnen auf ihrem Weg dorthin Gefahr von Elefanten droht. Insbesondere, wenn sie hungrig und auf Nahrungssuche sind, können die Tiere gefährlich sein. Dieser permanente Konflikt führt jedes Jahr zu zahlreichen Toten – Menschen wie auch Elefanten.

Anya ließ sich eine Lösung einfallen – einen elefantenfreundlichen Bus! Sie startete eine Kampagne, um Geld für ein Fahrzeug zu sammeln, das die Schulkinder sicher durch ein Gebiet brachte, in dem es häufiger zu gefährlichen Begegnungen mit Elefanten kam. Und ihr Plan funktionierte! Anya wurde dafür im Jahr 2018 von der Organisation »Action for Nature« als »International Young Eco-Hero« geehrt.

LIBBY FISHER

Geboren: 2005 **Heimat:** Australien
Aktion: hat »Libby's Koala Crusade« gegründet

»KEINE STIMME IST ZU LEISE, KEINE HÄNDE SIND ZU KLEIN, UM BEI DER RETTUNG UNSERER WILDTIERE ZU HELFEN.«

Alles fing damit an, dass Libby sich bei einem Zoobesuch in Koalas verliebte. Sie erfuhr, dass diese teddyähnlichen Wesen vom Aussterben bedroht sind, da ihr Lebensraum dramatisch schrumpft. Hitzewellen und Dürren sorgen dafür, dass der Eukalyptus, ihre einzige Nahrung, knapp wird – und die Koalas so gezwungen sind, von ihren Bäumen zu klettern und sich am Boden Raubtieren und dem Straßenverkehr auszusetzen.

All das machte Libby so traurig, dass sie begann, Geld für Tierschutzorganisationen zu sammeln, die sich für die Rettung der Koalas einsetzen. Bislang hat sie umgerechnet bereits mehr als 18 000 € an verschiedene Rettungsteams, Zoos und Wildtierkliniken gespendet. Und nach den verheerenden Buschbränden in Australien 2019 ist ihre Arbeit wichtiger denn je: Hunderte von Koalas sind in den Flammen umgekommen, und ein Großteil ihres Lebensraums wurde vernichtet.

HUNTER MITCHELL

Geboren: 2008 **Heimat:** Südafrika
Aktion: hat »Save the Baby Rhino« aus der Taufe gehoben

»WIR BRAUCHEN NOCH MEHR KÄMPFER, DIE TIERE VOR DEM AUSSTERBEN BEWAHREN. ICH WERDE IMMER EINER VON IHNEN SEIN.«

Als Hunter hörte, dass ein Nashornjunges von seiner Mutter verlassen worden war, traf ihn diese Nachricht hart: Nashörner sind vom Aussterben bedroht, und er wusste, wie wichtig es war, dass das Kleine überlebte. Um bei der Finanzierung der Aufzucht zu helfen, spendete er sein eigenes Taschengeld und bat andere, ebenfalls etwas zu geben. Und bald schon weitete Hunter seine Mission aus, indem er den Leuten vom Schicksal der Nashörner erzählte.

Bislang hat er umgerechnet fast 15 000 € an Spenden gesammelt, um die Tierart zu retten und Schutzmannschaften auszubilden, die sich gegen Wilderer einsetzen. Außerdem dreht er Lehrvideos, hält Reden und packt auch selbst vor Ort in einer Wildtierschutzstation mit an. Die Nashörner erkennen ihn inzwischen und kommen sogar zu ihm, um ihn zu begrüßen! 2018 wurde Hunter zum »International Young Eco-Hero« ernannt.

SCHON GEWUSST?

10 bis 15 Prozent aller Landlebewesen der Erde sind in den Regenwäldern des Amazonas zu Hause, darunter 40 000 Pflanzenarten, 1300 Vogelspezies und 2,5 Millionen Arten von Insekten. **Und niemand weiß, wie viele mehr überhaupt erst noch entdeckt werden müssen!**

TREIB ES WILD!

1. **Halte respektvoll Abstand, wenn du wilde Tiere beobachtest oder fotografierst.** Komm ihnen nicht zu nahe, jage und ärgere sie nie.

2. **Füttere mit Verstand.** Wildtiere, die regelmäßig mit Futter versorgt werden, verlieren ihre Scheu vor Menschen und werden von ihnen abhängig – was wiederum ihre Sicherheit und ihr Überleben in freier Wildbahn gefährdet. Vogelhäuschen sind in Ordnung, aber verfüttere kein altes Brot an Enten, Schwäne oder Gänse.

3. **Setz dich für »furchterregende« Tiere ein.** Manche Leute haben so große Angst vor Tieren wie Fledermäusen, Wölfen oder Haien, dass sie ihnen Böses antun. Doch auch diese Arten verdienen es, zu leben, und sie spielen zudem eine wichtige Rolle in ihrem jeweiligen Ökosystem.

4. **Hinterlass keine Spuren beim Campen, Wandern, Bootfahren oder Picknicken.** Insbesondere Plastikmüll kann Tieren immens schaden.

5. **Pflanz Wildblumen im Garten,** um Bienen anzulocken.

6. **Bitte deine Eltern, auf chemische Schädlingsbekämpfungsmittel und Giftdünger im Garten zu verzichten.** Bei manchen Erwachsenen wirst du vielleicht ein wenig Überzeugungsarbeit leisten müssen, damit sie ihre Gewohnheiten ändern. Bleib höflich und bereite Argumente und Fakten vor, dann wirst du sie schneller auf deine Seite ziehen!

7. **Verbanne Luftballons.** Lass sie niemals einfach fliegen. Ballons sind gefährlich für Seevögel, Meeresschildkröten und viele andere Wildtiere.

8. **Zeig Mitgefühl beim Shopping.** Verzichte auf alles mit tierischen Bestandteilen, etwa Fell, Schuppen, Federn, Schildkrötenpanzern, Muscheln, Korallen oder Elfenbein.

9. **Pfeif auf das Selfie.** Elefantenreiten, Affenknuddeln oder ein Schnappschuss mit Löwenbaby mögen harmlos wirken, sind es aber häufig nicht. Selbst wenn die Tiere zu genau diesem Zweck gezüchtet worden sind: Ihre angeborenen Verhaltensweisen werden unterdrückt, und sie dürfen nicht in ihrer natürlichen Umgebung leben.

10. **Licht aus!** Helle Lichter können nachts Zugvögel verwirren, sodass die Tiere bis zur völligen Erschöpfung im Kreis fliegen. Schalte zur Vogelzugzeit im Frühjahr und Herbst abends alle unnötigen Lampen aus – das spart außerdem Energie!

11. **Anschauen, nicht anfassen.** Wenn du Wildtiere beobachten möchtest, dann am besten aus sicherer Entfernung. So störst du die Tiere nicht, denn sie haben Besseres zu tun, als sich vor dir zu verstecken – etwa nach Nahrung zu suchen und sich um ihre Jungen zu kümmern!

12. **Verwende korallenfreundliche Sonnencreme.** Geschätzte 14 000 Tonnen Sonnenmilch landen jährlich im Meer. Greif zu biologisch abbaubaren Produkten mit Inhaltsstoffen, die nicht schädlich für Meereslebewesen sind.

13. **Iss nur nachhaltige Fische und Meeresfrüchte.** Überfischung bedeutet, dass einige Fischarten vom Aussterben bedroht sind. Wenn du Fisch isst, achte darauf, dass er verantwortungsvoll gefangen wurde.

14. **Schütte keine gefährlichen Chemikalien wie beispielsweise Haushaltsreiniger in den Abfluss.** Giftstoffe können in den Wasserkreislauf und letztlich ins Meer gelangen und dort Fischen, Delfinen und anderen Meereslebewesen übel schaden.

15. **Meide Orte, wo Tiere zur »Unterhaltung« dienen. Also Zirkusse, Elefantenreitanlagen oder Delfinarien.** In all diesen Einrichtungen verbringen die Tiere ein Leben in Gefangenschaft und voller Leid.

16. **Werde Pate für ein bedrohtes Tier.** Der WWF und andere Tierschutzorganisationen bieten solche Patenschaften auch als Geschenkoption an.

17. **Unterschreibe Petitionen,** um den Entscheidern zu zeigen, dass du es wichtig findest, Maßnahmen zum Schutz von Wildtieren zu ergreifen.

18. **Schau dir *Unser blauer Planet II* und andere Natur- und Wildtierdokumentationen an** und erzähle Freunden und Bekannten davon.

19. **Verzichte auf Zoobesuche.** Auch wenn einige Zoos wichtige Arterhaltungs- und Forschungsarbeit leisten, kann es sehr verstörend sein, Tiere in Gefangenschaft zu erleben. Spar das Geld für die Eintrittskarten lieber und spende es an eine Organisation, die sich für Wildtiere einsetzt..

20. **Beobachte Wale nur aus der Ferne.** Wer Wale beobachten möchte, sollte ihnen nicht zu nahekommen. Buche deine Tour nur bei verantwortungsbewussten Anbietern, die das Wohlergehen der Wale in den Vordergrund stellen.

MEHR MUT ZU GRÜN

Wir haben nur einen Planeten – und gehen ziemlich schlecht mit ihm um.
Manchmal werden auch die Menschen, die sich für unsere Welt und ihren Erhalt starkmachen, mies behandelt. Junge Weltveränderer ganz besonders.

Die Wahrheit ist: Nicht jeder will den Tatsachen ins Auge sehen, denn das würde bedeuten, das eigene Verhalten überdenken und ändern zu müssen. Wenn man diese Leute bittet, beispielsweise in Zukunft auf Burger zu verzichten oder kein Wasser in Plastikflaschen mehr zu kaufen, wehren sie sich. Andere weigern sich, überhaupt einzugestehen, dass der Klimawandel tatsächlich stattfindet, oder behaupten, er wäre entweder nicht so tragisch oder bloß eine Verschwörung der Regierung. **Ähm ... NEIN!**

Als wären solche Leugner nicht schon schlimm genug, gibt es auch noch Menschen, die fies zu jedem sind, der es wagt, die Wahrheit zu sagen. Hallo?! Das Problem sind nicht die Leute, die hart für die Rettung unseres Planeten kämpfen – sondern die Skeptiker, die versuchen, sie mundtot zu machen. Mit Beleidigungen um sich zu werfen, wird den Klimawandel nicht aufhalten, und Stillschweigen oder Aufgeben ebenso wenig.

> »WIR MÜSSEN UNS AUF DAS KONZENTRIEREN, WAS WIR TUN KÖNNEN – NICHT AUF DAS, WAS WIR NICHT TUN KÖNNEN.«
> Greta Thunberg

Um die Welt zu einem besseren Ort zu machen, braucht es mehr als Leidenschaft und Mut. Hier kommen ein paar Tipps, mit denen du gut gerüstet bist:

INFORMIERE DICH VORAB.
Lies dir Hintergrundinformationen zu einem Thema an, ehe du dich in den Kampf stürzt. Wissen ist Macht!

GIB NIEMALS AUF.
Weltveränderer zu sein, ist niemals einfach, egal in welchem Alter – aber es ist wichtig, dass du für deine Überzeugung kämpfst.

DENK SELBST.
Glaub nicht blind alles, was du hörst oder liest (besonders online): Halte dich an verlässliche Quellen (frag deine Eltern oder Lehrer um Rat) und überprüfe Fakten immer auf mehr als einer Webseite.

GEH MIT GUTEM BEISPIEL VORAN.
Inspiriere andere durch deine Taten und deinen starken Willen, eine bessere Welt zu erschaffen.

SEI MUTIG.
Mach dich auf Widerstand gefasst und lass dir niemals von jemandem einreden, du könntest etwas nicht. Mag sein, dass nicht alles reibungslos läuft, aber Durchhalten lohnt sich.

PLANE GEWISSENHAFT.
Wer planlos durch die Gegend stolpert, verschwendet Zeit – dabei zählt jede Minute!

BLEIB POSITIV.
Vergiss nicht: Auch, wenn etwas unmöglich erscheint, gibt es immer einen Weg.

JUGEND IST EINE SUPERKRAFT.
Du hast Ausdauer, Energie und Motivation. Die besten Voraussetzungen!

LERNE ZUHÖREN.
Anderen zuzuhören ist ebenso wichtig, wie selbst zu Wort zu kommen. Und horch auch immer wieder einmal in dich hinein.

HAB KEINE ANGST, KLEIN ANZUFANGEN.
Entscheidend ist, dass du überhaupt loslegst!

KIDS LEGEN LOS

HONGYI »HOWEY« OU

Geboren: 2003 **Heimat:** China
Aktion: hat als erste Schülerin in China gestreikt

China hat die größte Bevölkerung und den höchsten Ausstoß an Treibhausgasen weltweit. Die Kids dort lernen nicht sonderlich viel über die Umwelt – doch das bedeutet nicht, dass sie sich keine Sorgen darum machen. Nachdem Howey von der Verschmutzung der Meere und der #FridaysForFuture-Bewegung erfahren hatte, wollte sie ebenfalls streiken. Allerdings gab es ein Problem. Ein GIGANTISCHES Problem. Demonstrationen sind in China verboten, und Howeys Eltern und Freunde fürchteten, sie könnte verhaftet werden.

Howey hielt mutig an ihrem Plan fest und kündigte nichtsdestotrotz ihren Streik auf Twitter an, ehe sie sich mit einem handgemalten Schild vor ein Regierungsgebäude setzte. Ihr Einzelprotest endete nach einer Woche, als sie von der Polizei mitgenommen und auf der Wache vier Stunden lang verhört wurde. Schließlich kam sie frei – und war entschlossener denn je, noch mehr Aufmerksamkeit auf das Problem zu lenken und so Druck auf die chinesische Regierung aufzubauen, damit diese endlich etwas gegen die Klimakrise unternimmt.

MATILDE BONDO DYDENSBORG

Geboren: 2004 **Heimat:** Dänemark
Aktion: ist Jugendkongressabgeordnete

Nachdem Matilde erstmals vom Klimawandel gehört hatte, saß sie tagelang im Klassenzimmer und fragte sich, was sie dort eigentlich tat: Die Welt war in Gefahr! Sie recherchierte und erfuhr so von den Schülerprotesten für das Klima. Matilde fragte all ihre Freunde, ob sie gemeinsam mit ihr demonstrieren wollten. Sie stimmten zu, allerdings nur, weil sie keine Lust auf Unterricht hatten – und nicht etwa, weil ihnen etwas daran lag, ihre Regierung zum Handeln zu bewegen. Deshalb gründete Matilde einen Umweltrat an ihrer Schule, um zu zeigen, dass ein bewussterer Lebensstil nicht schwer umzusetzen ist. Inzwischen ist sie Abgeordnete im »International Congress of Youth Voices«.

>>[POLITIKER] MACHEN SICH KEINE GEDANKEN ÜBER DIE FOLGEN DER VERBRENNUNG FOSSILER ENERGIETRÄGER. SIE DENKEN NICHT AN DIE ZUKUNFT DER JUNGEN GENERATION.<<

INGA ZASOWSKA

Geboren: 2006   **Heimat:** Polen
Aktion: hat allein in Polen gestreikt

Polen gehört zu den europäischen Ländern mit der schmutzigsten Luft und hat gleichzeitig bereits mit den Folgen des Klimawandels – wie Dürren, Waldbränden und extremer Hitze – zu kämpfen. All das beunruhigte Inga so sehr, dass sie beschloss, sich Gehör zu verschaffen, indem sie vor dem polnischen Parlament demonstrierte. Jeden Freitag während ihrer Sommerferien saß sie dort zusammen mit ihrer Mutter und hielt ein Schild in die Höhe, auf dem »Ferienstreik fürs Klima« stand. Ihr Mut brachte ihr ein großes positives Medienecho ein, heizte jedoch auch Debatten an und bescherte ihr unschöne Kommentare und Reaktionen.

Einige Menschen meinten, Inga wäre nur ein Bauer im politischen Schachspiel. Andere erstellten falsche Profile bei Twitter und Facebook mit ihrem Namen. Manche behaupteten sogar, dass ihre brave Schulmädchenfrisur ein Trick wäre, um sich die Sympathien der Leute zu erschleichen! Ingas Zopfgefährtin Greta Thunberg sprang ihr auf Facebook bei und nannte sie »eine echte Heldin, die für die Zukunft aller einsteht«. Wie wahr!

ISAO SAKAI

Geboren: 2002   **Heimat:** Japan
Aktion: erhebt seine Stimme gegen den Klimawandel

>>MENSCHEN, DIE BLIND FÜR DIE REALITÄT SIND, DIE AUGEN ZU ÖFFNEN – DAS IST ES, WORAN ICH IN JAPAN ARBEITEN MUSS.<<

Noch bis vor Kurzem wusste Isao nicht viel über den Klimawandel, und er interessierte sich auch nicht besonders für die globale Erwärmung. Ebenso wenig wie seine Freunde und die meisten Leute in Japan, übrigens. All das änderte sich jedoch, als Isao für ein Austauschjahr in die USA zog. Dort belegte er das Fach Umweltkunde, und es öffnete ihm radikal die Augen. Endlich wurde ihm klar, dass die globale Erwärmung bald nicht mehr aufzuhalten sein wird, wenn niemand handelt. Sein nächster Gedanke war: Wenn jemand die Sache anpacken muss, wieso dann nicht er?

So wurde er zum Weltveränderer, was in seinem Kulturkreis keine einfache Mission ist. Denn Weltveränderer müssen bereit sein, sich zu widersetzen und den Mund aufzumachen, wohingegen in Japan Menschen, die sich von der Masse abheben, traditionell schief angeschaut werden. Isao ist sich bewusst, dass es eine große Herausforderung sein wird, japanische Kinder aufrütteln und dazu zu bringen, an den #FridaysForFuture-Protesten teilzunehmen. Dennoch ist er fest entschlossen, dieses Ziel zu erreichen.

133

STRATEGIEN GEGEN ÖKO-MUGGEL

Hast du schon mal jemanden getroffen, der den Klimawandel für Unsinn hält? Schwer zu glauben, aber es gibt tatsächlich noch eine Menge Leute, die sich weigern, wissenschaftliche Fakten anzuerkennen und einzugestehen, was gerade mit unserer Erde passiert. In Angelegenheiten wie der globalen Erwärmung sind solche Menschen die **»Öko-Muggel«** der Aktivistenwelt. Sie gleichen den Muggeln des Harry-Potter-Universums, die keinerlei magische Fähigkeiten besitzen.

Junge Weltveränderer bekommen oft gesagt, sie wüssten nicht, wovon sie reden. Sie müssen sich Kommentare anhören wie »Wieso sollte dir jemand glauben?« oder »Was du da behauptest, ist absurd!« – am besten antwortet man darauf ruhig und höflich (so schwer das auch fallen mag). **Diese vier Konter kannst du anwenden, wenn dich ein Öko-Muggel lächerlich machen will:**

»HIER GEHT ES NICHT UM MICH, SONDERN UM
_____ [DIE FAKTEN].«

»MEIN ALTER ÄNDERT NICHTS AN DER TATSACHE, DASS ETWAS NICHT STIMMT UND IN ORDNUNG GEBRACHT WERDEN MUSS.«

»ICH BIN MIR DES PROBLEMS SEHR WOHL BEWUSST UND MÖCHTE ÜBER MÖGLICHE LÖSUNGEN REDEN.«

»MAG SEIN, DASS ICH JUNG BIN, ABER JEDER HAT ES VERDIENT, MIT RESPEKT BEHANDELT ZU WERDEN.«

KEINE MACHT DEN TROLLEN

Hater und Trolle sind Menschen, die – oft anonym – ins Internet gehen, um fiese Kommentare zu hinterlassen. Leider erleben auch viele junge Weltveränderer Widerstand aus diesem Lager. Lass dich dadurch nicht davon abbringen, die Welt zu einem besseren Ort zu machen! Die folgenden Tipps können dir (und deinen Eltern) helfen, mit solchen Leuten umzugehen.

Nicht antworten. Trolle sind auf eine Reaktion aus – also gib ihnen keine. Damit ermunterst du sie nur, weiter gemein zu sein. Wenn sie keine Antwort kriegen, werden sie sich irgendwann verziehen.

Ignorieren. Konzentrier dich auf die positiven Kommentare und mach weiter.

Darüber lachen. Sinn für Humor kann wirklich enorm helfen. Greta Thunberg sagt, sie lacht über die Trolle auf Twitter: »Manchmal stelle ich abends nur für mich ein kleines Ranking auf und überlege mir, welchen ich am bescheuertsten finde.«

Löschen, blockieren, entfolgen. Achte darauf, miese Kommentare sofort zu löschen, sobald du sie siehst. Falls du das Gefühl hast, dass es nötig ist, mach zuerst einen Screenshot. Anschließend solltest du die Nutzer online blockieren oder ihnen nicht mehr folgen – das geht ganz leicht.

Melden. Lass die Betreiber der Webseiten wissen, dass jemand dich trollt. Facebook und Twitter können die Accounts der Trolle sperren.

Nicht persönlich nehmen. Gut möglich, diese Leute bereits mit der Absicht durchs Netz gesurft sind, wahllos irgendjemanden fertigzumachen. Versuch, ihre Worte einfach an dir abprallen zu lassen.

Der Polizei Bescheid geben. Wenn die Anfeindungen wirklich heftig werden, weihe einen Erwachsenen ein und geht zur Polizei. »Trolling« ist strafbar.

Mit Bedacht posten. Bemühe dich, keine persönlichen Informationen über dich – zum Beispiel deinen Wohnort – preiszugeben. Frag dich, ob du so etwas auch öffentlich in der Schule aushängen würdest – falls nicht, dann stell es nicht ins Netz!

AUF DIE PLÄTZE

FERTIG

LOS!

HIER EIN PAAR WEBSEITEN, BÜCHER UND ZEITSCHRIFTEN, DIE DIR NOCH MEHR HINTERGRUND-INFOS LIEFERN.

WENN DU IM INTERNET UNTERWEGS BIST, DENK IMMER AN DIE GOLDENEN REGELN DER ONLINE-WELT:

- Um dich in den sozialen Netzwerken anzumelden, musst du mindestens 13 Jahre alt sein.

- Verrate niemals deinen Wohnort und andere persönliche Informationen.

- Sei schlau – triff dich niemals im echten Leben mit jemandem, den du nur aus dem Netz kennst. Und schicke auch keine Fotos von dir an Fremde, bevor du mit einem Erwachsenen, dem du vertraust, darüber gesprochen hast.

- Melde Beleidigungen und alles, womit du dich unwohl fühlst, einem Erwachsenen deines Vertrauens.

- Vergiss nicht: Du hinterlässt einen digitalen Fußabdruck – alles, was du postest, bleibt für immer im Netz.

WEBSEITEN VON WELTVERÄNDERERN

Addisyn Goss: snugglesacks.org

Alex White: appletonwildlifediary.wordpress.com

Amanda Southworth: withastra.org

Anuna de Wever: twitter.com/anunadewever

Autumn Peltier: facebook.com/waterwarrior1

Bana Alabed: twitter.com/alabedbana

Bella Lack: callfromthewild.com

Biljana Stojković: »I Create My Life« auf YouTube

Campbell Remess: project365.org

Claire und Sarah Jordan: sarahandclairesfooddrive.com

Dara McAnulty: youngfermanaghnaturalist.wordpress.com

David Wicker: twitter.com/davidwicker_hf

Desmond Napoles: desmondisamazing.com

Faith Dickinson: facebook.com/cuddlesforcancer/

Fionn Ferreira: fionferreira.com

Genesis Butler: genesisforanimals.org

Greta Thunberg: facebook.com/greatthunbergsweden und twitter.com/GretaThunberg

Hannah Alper: callmehannah.ca

Havana Chapman-Edwards: twitter.com/thetinydiplomat

Howey Ou: facebook.com/ouhowey und twitter.com/howey_ou

Hunter Mitchell: facebook.com/raisethebabyrhino

Inga Zasoweska: facebook.com/inga.zasowska

Jakhil Jackson: officialprojectiam.com

Jamie Margolin: thisiszerohour.org

Julie Seven Sage: „7 Sage Labs" auf YouTube

Kheris Rogers: flexininmycomplexion.com und „Beyond Bullied" auf YouTube (SoulPancake)

Liam Hannon: liamslove.com

Libby Fisher: libbyskoalacrusade.weebly.com

Lilly Platt: facebook.com/lillysplasticpickup

Luca Berardi: yarhkenya.blogspot.com

Lyla-Rose O'Donovan: facebook.com/lylaandlilleysstars

Maanasa Mendu: twitter.com/maanasamendu02

Madison Pearl Edwards: facebook.com/madibelize

Mari Copeny: maricopeny.com

Marley Dias: marleydias.com

Max Lawton: clearfree.co.nz

Melati und Isabel Wijsen: byebyeplasticbags.org

Mikaila Ulmer: meandthebees.com

Millie Bobby Brown: facebook.com/milliebobbybrown

Nikhiya Shamsher: bagsbooksandblessings.com

Nikki Lilly Christou: »Nikki Lilly« auf YouTube

Oskar Petersen: oskeco.com

Rahul und Rohan Raju: facebook.com/rahulrajuandrohanraju

Ryan Hickman: ryansrecycling.com

Shireen und Hasan Zafar: facebook.com/thestreetschoolbyhasanshireen

Soffia Correia: facebook.com/mcsoffia

Sonam Wangchen: facebook.com/sonamwangchenofficial

Thomas Truby: facebook.com/therubbishclub

Zoe Rosenberg: happyhen.org

BÜCHER

Claus Hecking: **Unsere Zukunft ist jetzt!**

E. B. White: **Wilbur und Charlotte**

Valentina Camerini: **Gretas Geschichte. Du bist nie zu klein, um etwas zu bewirken**

Martin Dorey: **#umweltheld in 2 minuten**

Greta Thunberg: **Ich will, dass ihr in Panik geratet!**

Marie Kondo: **Das große Magic-Cleaning-Buch**

Philipp Steffan & Caroline Morfeld: **Sprich es an!**

Andrea Rings: **Misch dich ein!**

Philipp Steffan: **Sag was!**

Astrid Lindgren & Kristina Forslund: **Meine Kuh will auch Spaß haben!**

Astrid Lindgren: **Niemals Gewalt**

ZEITSCHRIFTEN

National Geographic Kids

GEOlino

Dein SPIEGEL

ZEIT leo

DEIN PLANET

Stafette

Fluter

WEITERE WEBSEITEN

OZEANKIND
ozeankind.de

Bundesministerium für Umwelt, Natur-schutz und nukleare Sicherheit
bmu-kids.de

KIDS.GREENPEACE
kids.greenpeace.de

BUNDJugend
bundjugend.de

Sielmanns Natur-Ranger
natur-ranger.de

FridaysForFuture
fridaysforfuture.de

Plant-for-the-Planet
plant-for-the-planet.de

Kindersache des Deutschen Kinderhilfs-werks
kindersache.de

Hanisauland
hanisauland.de

DBU Graslöwe
grasloewe.de

CHILDREN
children.de

PETAkids
petakids.de

ÖkoLeo
oekoleo.de

Bund der Pfadfinderinnen und Pfadfinder
pfadfinden.de

NAJU
naju.de

WWF Junior
wwf-junior.de

Bundesamt für Naturschutz
naturdetektive.de

VIDEO/TV

Dokuserien
Der blaue Planet
Unser blauer Planet II

Filme
Unsere Erde
Unsere Ozeane
Unsere Wildnis
Das grüne Wunder – unser Wald

Clips und Infovideos
filmsfortheearth.org

GLOSSAR

Aktivist – jemand, der sich für gesellschaftlichen oder umweltpolitischen Wandel einsetzt

App – ein Software-Anwenderprogramm, das auf Computer, Handy oder Tablet geladen werden kann

Asperger-Syndrom – eine Form von Autismus, die es den Betroffenen oft ein Leben lang erschwert, mit anderen Menschen zu kommunizieren, und auch durch eine besondere Wahrnehmung der Welt gekennzeichnet ist

Atmosphäre – die Gashülle, die unsere Erde umgibt

Aussterben – unumkehrbares Verschwinden einer Art von unserem Planeten

autodidaktisch – Kenntnisse oder Fertigkeiten, die jemand sich selbst beigebracht oder ohne fremde Hilfe und Anleitung erlernt hat

bedrohte Art – eine Tier- oder Pflanzenart, die ernsthaft Gefahr läuft, endgültig auszusterben

Biodiversität – die Vielfalt an Pflanzen und Tieren, die in einer bestimmten Region vorherrscht

Biotop – Lebensraum einer einzelnen Tier- oder Pflanzenart

Blog – eine Art Online-Tagebuch, in dem die Verfasser ihre persönlichen Ansichten zu verschiedenen Themen mitteilen

Bevölkerung – alle Menschen oder Tiere, die in einem bestimmten Gebiet leben

CO_2 – chemische Formel für Kohlendioxid, ein farb- und geruchloses Gas

Crowdfunding – bei der sogenannten Schwarmfinanzierung geben viele Leute Geld für ein Projekt oder die Entwicklung eines Produktes, die für einen Menschen oder ein Unternehmen allein zu teuer wäre

Cyber-Mobbing – Mobbing, das online und virtuell stattfindet, zum Beispiel in den sozialen Medien oder über Textnachrichten

Depression – ein psychischer Zustand, in dem ein Mensch sich tieftraurig fühlt und über Wochen oder Monate jegliches Interesse an Dingen verliert, die ihm früher Freude bereitet haben

Diskriminierung – unfaire Behandlung von Menschen aufgrund ihrer Herkunft, ihrer Religion, einer Behinderung, ihres Alters oder Geschlechts

Diversität – die Vielfalt unterschiedlicher Tiere, Pflanzen, Menschen oder Dinge

Dürre – längerer Zeitraum, in dem sehr wenig Regen fällt, was zu Wasserknappheit und anderen Problemen wie Missernten führen kann

Emissionen – Ausstoß schädlicher Stoffe wie beispielsweise Kohlendioxid in die Atmosphäre

Energie – Kraft, die ihre Wirkung zum Beispiel in Form von Wärme, Licht, Schall oder Elektrizität entfaltet

erneuerbare Energien – Energiequellen wie Sonne, Wind oder Wasser, die quasi unerschöpflich zur Verfügung stehen und nie aufgebraucht werden können, da sie sich immer wieder nachbilden

Extinction Rebellion (XR) – weltweit agierende Umweltschutzbewegung, die mit friedlichen, aber oft umstrittenen Protestaktionen führende Politiker zum Handeln in der Klimakrise bewegen will

Flüchtling – jemand, der aufgrund von Krieg, Gewalt, Hunger, Naturkatastrophen oder aus anderen Gründen gezwungen war, seine Heimat zu verlassen, da das Leben dort für ihn nicht mehr sicher ist

fossile Energieträger – Brennstoffe, die aus den Millionen Jahre alten Überresten toter Pflanzen oder Tiere bestehen, zum Beispiel Öl, Kohle und Gas

#FridaysForFuture – internationale Bewegung streikender Schüler, die den Unterricht schwänzen, um für ein Handeln der Politiker in der Klimakrise zu demonstrieren

Fürsprecher – jemand, der öffentlich für ein bestimmtes Thema oder eine Interessensgruppe eintritt

Gleichberechtigung – Gleichbehandlung aller Menschen im Hinblick darauf, ihnen dieselben Chancen zu ermöglichen

global – etwas, das weltumspannend wirkt und die ganze Erde betrifft

globale Erwärmung – langsamer, aber stetiger Temperaturanstieg in der Erdatmosphäre, der mit einer höheren Konzentration von Kohlendioxid und anderen Schadstoffen zusammenhängt

Great Barrier Reef – weltgrößtes Korallenriff vor der Ostküste Australiens

grün – Bezeichnung für umweltfreundliche Produkte sowie Verhaltensweisen, die der Umwelt nicht schaden

Kastration – Operation, die dafür sorgt, dass Hunde oder Katzen keinen Nachwuchs mehr bekommen können

Katzenkolonie – eine Gruppe streunender Katzen, die gemeinsam im Freien leben

Klima – für ein bestimmtes Gebiet typische, wiederkehrende Wetterverhältnisse über einen langen Zeitraum

Klimawandel – eine Änderung der globalen oder regionalen Klimaverhältnisse, verursacht in erster Linie durch menschliche Verhaltensweisen, die zu einem Anstieg an CO_2 in der Atmosphäre führen

Kohle – ein fossiler Brennstoff, der in Minen aus der Erde gefördert wird

Kompost – verrottendes organisches Material, das als Dünger für Pflanzen genutzt wird

Korallenriff – versteinerte Skelette von Korallen, die wie seltsam geformte Steine aussehen, tatsächlich aber aus Tausenden winziger Tiere – sogenannter Polypen – bestehen

Kriegsveteran – jemand, der als Soldat in der Armee gedient und in einem Krieg gekämpft hat

LGBTQ – eine Abkürzung, die für lesbische, schwule, bisexuelle, transgender und anderweitig sexuell orientierte Menschen steht

Mahnwache – das stumme Ausharren, Wachehalten oder Beten einer Person oder Gruppe an einem bestimmten Ort zum Zeichen des Protests, besonders nachts

Maori – Ureinwohner Neuseelands

Massentierhaltung – Aufzucht von Nutztieren (Geflügel, Schweinen, Rindern) in Großbetrieben, meist in geschlossenen Ställen und unter qualvollen Bedingungen

mentale Gesundheit – psychisches und emotionales Wohlergehen eines Menschen

Methan – farb- und geruchloses Treibhausgas mit noch dramatischerem Einfluss auf das Klima als CO_2

Mikrochip – winziges elektronisches Bauteil, das zur Kennzeichnung und Identifizierung unter die Haut eines Haustiers, etwa einer Katze oder eines Hundes, gesetzt werden kann

Mitgefühl – Verständnis, Sorge und Hilfsbereitschaft für andere

Mobbing – das wiederholte und andauernde Quälen, Triezen und Verletzen anderer, ob körperlich, seelisch oder emotional

nachhaltig – die gewissenhafte Verwendung von Ressourcen, sodass diese auch in Zukunft noch in ausreichender Menge verfügbar sein werden

nachhaltige Produktion – Herstellungsweise, die darauf achtet, dass der Umwelt kein Schaden zugefügt wird und die Arbeiter anständig behandelt werden

Nährstoffe – Bestandteile von Lebensmitteln oder Getränken, die Lebewesen mit der Nahrung aufnehmen und brauchen, um gesund zu bleiben

Naturschutz – das Bemühen um die Bewahrung von natürlichen Lebensräumen, Pflanzen und Tieren

nicht biologisch abbaubar – etwas, das sich im Laufe der Zeit nicht natürlich zersetzt; eine Bananenschale beispielsweise ist biologisch abbaubar, ein Joghurtbecher aus Plastik nicht

nicht recycelbar – etwas, das sich (wie die meisten Plastiksorten, zum Beispiel Einwegbecher) nicht recyceln lässt

Ökosystem – ein Netzwerk lebendiger Organismen, also von Pflanzen und Tieren, und ihrer Umgebung

Organismus – jedes lebendige Wesen, ob Pflanze, Baum, Tier oder Mensch

Panikattacke – plötzlicher und überwältigender Zustand furchtbarer Angst

Pescetarier – jemand, der Fisch und Meeresfrüchte isst, allerdings kein Fleisch

Petition – förmlicher, schriftlicher Antrag zu einem bestimmten Thema, der für gewöhnlich von vielen Menschen unterzeichnet wird und an eine Behörde oder politische Machthaber gerichtet ist

programmieren – Umwandlung von Anweisungen in eine Sprache, die ein Computer versteht

Protest – Ausdruck von Unzufriedenheit über etwas, durch Worte oder Taten

Psychologie – Wissenschaft vom menschlichen Geist

Recycling – Sammeln und Wiederverwerten von Material, damit es in Form eines neuen Produkts weiterverwendet werden kann

Ressource – etwas, das für Menschen oder Tiere nützlich ist, etwa Nahrung oder Holz zum Nest- und Hausbau

sezieren – einen toten Körper öffnen und zerlegen, oft um wichtige wissenschaftliche oder medizinische Erkenntnisse zu gewinnen

Smog – insbesondere durch Abgase und Rauch von Fabriken und Verkehr verursachter Dunst über Großstädten und Industriegebieten

Solarenergie – Sonnenenergie, die in Wärme oder Elektrizität umgewandelt werden kann

soziale Medien – Online-Plattformen, über die Informationen, Ideen, persönliche Nachrichten, Videos und Fotos ausgetauscht werden

Spendensammlung – Aufruf an die Allgemeinheit, Geld zur Unterstützung einer bestimmten Sache oder gemeinnützigen Organisation zu geben

Spezies – eine Art von Pflanze, Tier oder anderem Lebewesen

Sterilisation – Operation, die bei Hunden oder Katzen für Unfruchtbarkeit sorgt und Nachwuchs verhindert

TED Talk – Videoaufnahme einer kurzen, inspirierenden Rede, die auf einer Innovations-Konferenz (TED = Technologie, Entertainment und Design) gehalten wurde

tiergerecht – mitfühlend und auf das Wohl eines Tiers bedacht

Treibhausgase – sämtliche Gase, die Wärme festhalten, ganz so wie ein Treib- oder Gewächshaus im Garten

Trophäenjagd – Jagd auf bestimmte Tierarten, zum Beispiel Nashörner, Löwen und Bären, mit der Absicht, Teile der Tiere als »Trophäe« mit nach Hause zu nehmen; aufgrund ihrer Grausamkeit in vielen Ländern mittlerweile verboten

Umwelt – Umgebung, in der Pflanzen, Tiere und Menschen leben

umweltfreundlich – etwas, das nicht schädlich für die Natur ist

Umweltverschmutzung – Einbringen von giftigen oder gefährlichen Stoffen (etwa Plastikmüll oder Kohlestaub) in die Natur, also in Luft, Erde oder Wasser

undokumentierter Arbeiter – jemand, der ohne offizielle Papiere in einem Land arbeitet und auch als »illegaler Einwanderer« bezeichnet wird; häufig werden solche Menschen ausgenutzt, extrem schlecht bezahlt und für gefährliche Tätigkeiten eingesetzt

UN (Vereinte Nationen) – Gruppe aus 193 Ländern, die zusammenarbeiten, um globale Probleme zu lösen

UNICEF – Weltkinderhilfswerk der Vereinten Nationen (UN)

Unternehmer – jemand, der eine Marktlücke entdeckt und eine neue Geschäftsidee umsetzt, die diese Lücke bedient

Veganer – jemand, der keinerlei tierische Produkte isst, trägt oder nutzt, also nicht nur kein Fleisch konsumiert, sondern auch weder Milch noch Käse, weder Wolle noch Pelz oder andere Produkte, an deren Fertigung Tiere beteiligt waren

Vegetarier – jemand, der keine Tiere, sehr wohl aber tierische Produkte isst und nutzt, etwa Milch, Eier und Käse

Verrotten – natürlicher Zerfallsprozess von organischem Material, also Pflanzenabfällen oder Tierkadavern

Vertrag – schriftliche, förmliche Vereinbarung zwischen verschiedenen Staaten

VIP – Abkürzung für »Very Important Person« (zu Deutsch: »sehr wichtige Person«), gemeint ist meist ein Prominenter

Vlog – Videotagebuch, das auf einer persönlichen Webseite oder einem Profil in den sozialen Medien geführt wird

Wilderei – illegale Jagd und Gefangennahme von Wildtieren, beispielsweise das Töten von Nashörnern oder Elefanten, um mit dem Verkauf der Hörner und Stoßzähne Geld zu verdienen

Zyklon – tropischer Wirbelsturm; je nachdem, wo auf der Erdkugel ein solcher Sturm auftritt, wird er als Zyklon, Taifun oder Hurrikan bezeichnet

SEI DER UNTER-SCHIED!

ÜBER DIE AUTORIN

KIMBERLIE HAMILTON

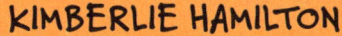

Kimberlie Hamilton hat über die Jahre alles Mögliche geschrieben, am liebsten aber verfasst sie unterhaltsame Sachbücher für neugierige junge Leser. Sie ist fest davon überzeugt, dass in allem und jedem eine spannende Geschichte schlummert – wenn man nur aufmerksam beobachtet und die richtigen Fragen zu stellen weiß. Kimberlie hat zwei Universitätsabschlüsse – einen im Drehbuchschreiben von der University of California, den anderen in Kultur- und Kommunikationswissenschaften von der University of Aberdeen. Sie lebt mit ihrem Partner und vier Katzen in Schottland und träumt davon, eines Tages ihre eigene Auffangstation für Tiere zu gründen!

REGISTER

A

Abfall   28–33, 54–61, 95, 125

Afrikanische Klima-Allianz   97

Alabed, Bana   103

Alper, Hannah   26

Amazonas-Regenwald   40, 127

Asperger-Syndrom (Form von Autismus)   23, 43

Aussterben   40, 125

B

»Bags, Books and Blessings«   37

Bennett, Benjamin   70

Berardi, Luca   83

#1000BlackGirlBooks   64

Boryoiuk, Sophia Khrystyna   57

Brown, Millie Bobby   115

Brückenjahr (für Schüler und Studenten)   39

Bürgerrechtsbewegung   73

Burgess, Storm   19

Burnout   93

Butler, Genesis   77

»Bye Bye Plastic Bags«   30

C

Chapman-Edwards, Havana   102

Christou, Nikki Lilly   25

»ClearFreeSkin«   83

»Compola«   57

Copeny, Amariyanna   97

Correia, Soffia (MC Soffia)   64

Cosentino, Aran   96

Cruz, Sophie   71

»Cuddles for Cancer«   121

D

Delaney, Storm   57
Depression   88f.
Design-Prozess   53
De Wever, Anuna   13
Dias, Marley   64
Dickinson, Faith   121
Diskriminierung   68–73
Duquesne, Iris   43
Dydensborg, Matilde Bondo   132

E

Earthing   45
Edwards, Madison Pearl   42
ehrenamtlich   20, 104, 123
Eigeninitiative   34–39
»Elefriendly Bus«   126
Extinction Rebellion Kids (XR)   13

F

Fairness   68–73, 78f.
Ferreira, Fionn   51

Fisher, Libby   127
Flugzeuge   14
Friedensaktivismus   100–105

G

»Genesis for Animal«   77
Gleichberechtigung   68–73
Goldstein, Jocelyn   103
Goss, Addisyn   109
Griffin, Shon   18
Guadalupe Cruz López, Xóchitl   50

H

Hannon, Liam   121
»Happy Hen Animal Sanctuary«   18
Hardcastle, Hailey   90
»Harvest«   51
Hater   134f.
Hickman, Ryan   56
Hunger   74–77

I

»I Am« 108
»International Congress of Youth Voices« 132
Iron Eyes, Tokata 102
Ivanova, Raina 91

J

Jackson, Jahkil 108
Jangid, Payal 114
Jordan, Claire 77
Jordan, Sarah 77
Justin, Malachi 108

K

»Kids legen los« 12f., 18f., 24f., 30f., 36f., 42f.,
    50f., 56f., 64f., 70f., 76f., 82f., 90f., 96f.,
    102f., 108f., 114f., 120f., 126f., 132f.
Kinderrechte 112–115
King, Dr. Martin Luther Jr. (Bürgerrechtler) 73,
    101
Klimastreik 11

Klimawandel 10–13, 14, 23, 34, 38f., 74, 92f.,
    125, 130–134
Kohlendioxid (CO_2) 14f., , 59–87
Kondo, Marie (Entrümpelungsexpertin) 55

L

Lack, Bella 126
Lawton, Max 83
Lebensraumverlust 29, 40, 46f., 125, 128f.
»Liam's Lunches of Love« 121
»Libby's Koala Crusade« 127
»Lilly's Plastic Pickup« 30
Lorenzo, Catarina 42
Lübbert, Hannah 114
Luna, Elsie 103

M

»March For Our Lives« 101
Margolin, Jamie 12
McAnulty, Dara 43
McManus, Cody 120
McQueen-Davies, Maddison 56
»Me & the Bees Lemonade« 82

Melithafa, Ayakha   97

Mendu, Maanasa   51

mentale Gesundheit   88–93

Mgogwana, Yola   36

Mitchell, Hunter   127

Mobbing   26f., 78f., 118

Moorhouse, Will   76

Müll   15, 28–33. 38f., 54–61, 95, 122, 125, 128

Napoles, Desmond   70

Natur   40–47

Naulusala, Timoci   13

Obdachlosigkeit   106–111, 122f.

O'Donovan, Lyla-Rose   90

Oduwole, Zuriel   36

Öko-Angst   88f., 92f.

Öko-Muggel   134

Öko-Unternehmen   80–87

Öko-Unternehmer   80–87

»OSKeco«   82

Ou, Hongyi   132

Palmöl   15, 47, 125

Patel, Zulaikha   71

Peltier, Autumn   96

Petersen, Oskar   82

Petition   21, 79, 105

Plastik   15, 28–33, 38f., 54–61, 125

Platt, Lilly   30

»Project Malachi«   108

Raju, Rahul   65

Raju, Rohan   65

Recycling   14, 28–33, 47, 56–61, 87

Redesteine   105

Remess, Campbell   120

Rogers, Kheris   24

Rosenberg, Zoe   18

»Rubbish Club«   31

»Ryan's Recycling Company«   56

S

Sacchi, Chiara   76
Sakai, Isao   133
»Sarah & Claire's Food Drive«   77
Saram-Larssen, Anya de   126
Satidtanasarn Ralyn   31
»Save the Baby Rhino«   127
Schulprojekte   38f.
Schulstreik fürs Klima   11, 89, 105, 119
Shamsher, Nikhiya   37
Sharma, Mihika   50
Shulga, Nikita   57
»Smart Stick«   50
»Snuggle Sacks«   109
Sonnemann, Charlie   19
Southworth, Amanda   89
Spendensammeln   20f., 46, 129
Stojković, Biljana   24

T

Thunberg, Greta   10f., 14, 24, 27, 39, 41, 88, 92, 101, 105, 117, 130, 135
Tierrechte   16–21
Treibhausgase   14f., 92
Trolle   135
Truby, Thomas   31

U

Ulmer, Mikaila   82
Umweltverschmutzung   14f., 28–33, 38f., 40, 46f., 125
UN-Kinderrechtskonvention   113
Upcycling   39, 57, 61, 86f.

V

vegan   15, 20f., 87
Vorurteile   68–73

W

Wasserkrieger   94–99

White, Alex   37

Whiting, Zel   12

Wicker, David   65

Wijsen, Isabel   30

Wijsen, Melati   30

Wildtiere   28, 124–129

Y

Yoon-Song, Kim   115

»Young Animal Rescue Heroes«   83

Z

Zafar, Hasan   109

Zafar, Shireen   109

Zasowska, Inga   133

»Zero Hour«   12

Zero-Waster   60f.

MIX
Papier aus verantwor-
tungsvollen Quellen
FSC® C002795

Deutsche Erstausgabe
1. Auflage
© 2021 Dressler Verlag GmbH,
Max-Brauer-Allee 34, 22765 Hamburg
Alle Rechte vorbehalten
Originaltitel: Generation Hope
Text © Kimberlie Hamilton, 2020
Published by arrangement with
Scholastic Children's Books, Euston House,
24 Eversholt Street, London NW 1 1DB.
Illustrationen © Risa Rodil, 2020
Reproduced by permission of Scholastic Limited
www.scholastic.com
© Übersetzung: Fabienne Pfeiffer
© Umschlaggestaltung: Frauke Schneider
Satz: Sabine Conrad, Bad Nauheim
Druck und Bindung: Livonia Print SIA,
Ventspils iela 50, LV-1002, Riga, Lettland
Printed 2021
ISBN 978-3-7513-0009-4

www.dressler-verlag.de